戦前同志社の台湾留学生

キリスト教国際主義の源流をたどる

阪口直樹　著

白帝社

目　次

序　章　アジア留学生と同志社の国際主義 …………………… 3
　1．はじめに
　　尹東柱の詩碑建立／特別学位記の授与／林宗義との出
　　会い
　2．アジア留学生の全般的傾向について
　　京都の朝鮮留学生と同志社／同志社の女子留学生／日
　　本の台湾留学生

第1章　最初の台湾留学生——周再賜 …………………… 12
　1．周再賜の教育生涯
　　出生から同志社留学まで／同志社大学助教授の辞職／
　　共愛女学校校長として／共愛女学校の留学生／戦後の
　　共愛学園の発展
　2．清水安三と周再賜
　　同志社とオベリン大学／桜美林学園の現在

第2章　戦前同志社におけるアジア留学生 …………………… 27
　1．学籍簿による調査の必要性
　2．同志社大学管轄諸学校の国別留学生
　　全般的傾向について／神学関係入学生の傾向／大学予
　　科入学生の傾向／高等商業学校入学生の傾向／大学入
　　学前の学歴について
　3．同志社中学における国別留学生の実態
　　全般的特徴から／クラスにおける留学生の比率／中坊

i

公平の中学入学／台湾留学生における入学前学歴の特徴
 4. 同志社女学校における国別留学生の実態
　　同志社女子専門学校の調査結果／同志社高等女学部の調査結果
 5. 同志社教会の会員調査から
 6. まとめ――戦前同志社における留学生の傾向

第3章　長老教・淡水中学と同志社卒業生 …………………… 48
 1. 長老教中学と林茂生
 (1) 林茂生の教育生涯
　　父・林燕臣／同志社中学への留学／文化方面における活動／二・二八事件の犠牲者として
 (2) 長老教中学の歴史
　　イギリス人校長の草創期／日本支配下における認可問題／加藤長太郎校長／長老教女子中学と植村環・番匠鉄雄／長栄高級中学の現在
 2. 淡水中学と陳清忠
 (1) 陳清忠の教育生涯
　　台湾語讃美歌の編集
 (2) 淡水中学の歴史
　　カナダ人校長の草創期／有坂一世校長の時代／二・二八事件と淡水中学／淡江高級中学の現在
 3. 台湾の両中学と同志社中学
　　淡水中学に見る修業生の実態／長老教中学にみる進路追跡調査

4. 台湾の2中学を同志社中学につなぐもの
   台湾の中等教育制度／李登輝の談話から／キリスト教を共通項とした3中学校の関係

第4章　キリスト教界の同志社出身者 ……………… 91

1. 日拠時代におけるキリスト教の活動
   イギリス・カナダから日本主導への移行／戦時下のキリスト教／戦後日本キリスト教の反省
2. 同志社出身の牧師——陳溪圳の役割
   日本キリスト教会と陳溪圳／陳溪圳の経歴／陳溪圳と音楽／陳溪圳の行政能力
3. 戦後長老教会の活動
   「国是声明」をめぐって／『美麗島』事件の勃発
4. 『美麗島』事件に関わった同志社出身の牧師たち
   鄭児玉牧師／荘経顕牧師／張清庚牧師
5. 同志社と同志社出身牧師の関係
   もう一人の牧師——戴伯福

第5章　戦後台湾各界の同志社出身者たち ……………… 117

1. 校友会台湾支部の活動
   高天成（初代支部長）／林金殿（第2代支部長）／朱江淮（第3代支部長）／陳誠志（第4代支部長）
2. 各界の同志社出身者たち
   廖文毅（政界）／柯子彰（スポーツ界）／呉基福と李克承（医学界）／郭頂順（実業界）

終　章　血縁・地縁とキリスト教国際主義 ……………… 131
　1. 宗教・医学をつなぐ血縁
　　高天成・高俊明・廖文毅・林献堂にみる血縁関係／陳渓圳・
　　陳能通・柯設偕にみる血縁関係
　2. 地縁——同志社ブランドの源泉
　3. 国際交流の課題と今後の方向

引用参考文献 ……………………………………………… 140

人名・事項索引 …………………………………………… 145

戦前同志社の台湾留学生
キリスト教国際主義の源流をたどる

序章　アジア留学生と同志社の国際主義

1．はじめに

尹東柱の詩碑建立

　同志社今出川キャンパスのハリス理化学館西横に、最近整備されたばかりの小さな中庭があり、そのかたわらに尹東柱の詩碑がそっと佇んでいる。尹東柱は、かつて1942年10月に同志社大学文学部文化学科英語英文学専攻に選科生として入学し、同志社在学中の43年7月14日、京都府下鴨警察署に治安維持法違反の理由で検挙され、45年2月16日、福岡刑務所にて満27才の若さで獄死した朝鮮の民族詩人である。1995年3月11日放映されたＮＨＫスペシャル「空と風と星と詩——尹東柱・日本統治下の青春と詩」は、戦争責任問題をめぐって微妙な関係が続いてきた日韓関係の見直し作業が、新たな段階に入ったことを告げていた。同年2月16日——尹東柱獄死50年の命日には、同志社において前述の尹東柱詩碑の除幕式が盛大に行われ、その後尹東柱の記念文集『星うたう詩人——尹東柱の詩と研究』が出版されたり、高校教科書『新編現代文（改訂版）』（筑摩書房）にもとりあげられるなど、その評価が高まってきた。(写真1)

特別学位記の授与

　ところで、尹東柱詩碑建立の翌年に、戦前の同志社に関する一つの話題が新聞紙上をにぎわした。それはかつて戦前の一時期、

写真1　尹東柱詩碑

同志社に在籍しながらも卒業できなかった11名の留学生（朝鮮留学生10名、台湾留学生1名）に対して卒業資格（特別学位記）が与えられたことである。当時の『同志社大学広報』NO.296（1996年11月30日）は授与式の様子を以下のように紹介している。

　戦争中にもかかわらず、まだ同志社には自由が息づいていたと、遠来の先輩たちは語った。朝鮮籍、台湾籍の自分たちにとって、戦争や差別から逃れる空間だったと。だがキャンパスに軍国主義の蚕食は続く。詩人尹東柱の隣室に下宿して共に本学に通った金一龍さんからは、官憲に奪われた友人への断腸の思いが吐露された。そうしたそれぞれの思いを抱いて、9人の先輩たちが「特別学位」を受けるために韓国、アメリカ、台湾から集まった。第2次世界大戦中、無念の思いで同志社を去らねばならなかった人々である。11月16日、式典に列席したコリアクラブのメンバーからは、「今日の母校を誇りに思う」との声が聞かれた。

これら一連の"さわやかな話題"は、同志社の校是——"新島の良心"を象徴するものとして注目もされ、また歓迎もされたのである。それは、日本が戦後50年を経過して、かつての歴史の見直しが求められていた時期であって、同志社のこれらの出来事も、同志社における一連の"戦後処理"としての意味が与えられたといえなくもない。

　だが私は、この問題を同志社における"国際主義"の一つの段階として考えてみたい。同志社は創立以来、自由主義、キリスト教主義、国際主義を建学の理念として標榜してきたが、なかでも国際主義はそのなかのかなめとして位置づけられてきた。たとえば、栄光館、アーモスト館、ハワイ寮など同志社の象徴的な建築物は、すべて同志社創立以来のアメリカとのかかわり、とりわけ新島襄の母校アーモスト大学、同志社創立以来の協力者であったアメリカン・ボード、さらにこの両者を中心にして広がった日米間の人的交流の結果であった。その歴史からいえば、同志社の国際主義はアメリカとの交流と同一視されてきたきらいもなくはない。

　ところで、「特別学位記」授与に関する新聞記事を読んだときに、私には釈然としない感じが少し残った。それは学籍簿によらないで、あくまで「本人の申請」と「本人の希望する氏名」による授与という変則的措置であったことによる。本当は有資格者がどれだけいるのだろうか、朝鮮留学生のほかに中国や台湾留学生がどれくらいいるのだろうか、そもそもなぜ大学自身が積極的に、その有資格者を調査して発表しないのかなどといった疑問だったが、当時は素朴な段階にとどまっていた。

林宗義との出会い

　その後あるきっかけで、私はこの問題に首をつっこむことになった。1998年の正月、台北中央研究院で開催された国際学会に参加した際に、一人の老研究者を紹介された。頂いた名刺には林宗義とあり、「林茂生愛郷文化基金会理事長」「世界心理衛生協会名誉総裁」などいくつかのいかめしい肩書きが連ねてあった。私が同志社大学の関係者であると自己紹介をすると、自分の父親・林茂

写真2　林宗義

生が同志社出身であること、かつて台湾から多くの留学生が同志社に学んでいるから、その実態をぜひ明らかにしてほしい等々、情熱を込めて語られたのである。(写真2) 帰国後、仕事に追われる中で時間だけが経過していったが、今回幸いにも同志社の関係諸機関の協力で戦前の学籍簿を閲覧する機会を得ることができた。その結果をもとにして、台湾を中心としたアジア留学生の実像を再構成することができればと考えている。

2．アジア留学生の全般的傾向について

京都の朝鮮留学生と同志社

　同志社における台湾留学生の問題を取り扱う前に、朝鮮や台湾留学生の全般的な傾向がどうであったのか、最近の研究資料をもとに概況を整理しておく必要があるだろう。中国・朝鮮・台湾の

うち、文化教育面で日本と関係の深かったのは朝鮮であるが、当然この方面での研究が一番進んでいるので、関西や同志社に関わる部分にしぼって紹介しておきたい。

同志社の朝鮮留学生に関する先行研究として宮澤正典「同志社女学校と朝鮮」があるが、そこで当時の日本在住の朝鮮留学生の状況にも触れている。まずはこのあたりをきっかけに筆を進めていくことにしたい。

1926年における「在内地朝鮮学生」は、1923年の大震災で急減していたが、3,000人を超すまでに回復した。そのうち約2,000人が東京に集中し、他は京都、大阪の2府に約200名前後、次いで山口、広島、兵庫、福岡、愛知、山形の各県の順であった。女子学生は漸次増加傾向にあったが、総数の1割と見積もられた。……同年末の京都府には男子183名、女子12名が在学した。同志社女学校専門学部5名（翌年は6名）、京都女子高等専門学校2名、同志社女学校普通学部、平安女学院に各2名、平安高等女学校1名である。

一方、水野直樹「尹東柱と京都在住朝鮮人」（『星うたう詩人――尹東柱の詩と研究』）でも在京都の朝鮮人留学生の実態について、さらに詳細なデータが提示されている。

朝鮮人留学生が京都で学び始めたのは、1900年前後からと思われる。京都法政専門学校（後の立命館大学）の1902年の卒業生名簿に朝鮮人の名前が見られる。

1915年末京都在住の朝鮮人学生（中学生以上）は28人、1920

年には47人、25年には214人に増えている。朝鮮人学生の3, 4割は「苦学生」であったとされており、異郷での勉学生活は決して楽なものではなかったが、京都に学ぶ朝鮮人学生はその後も増え続け、35年353人、39年1,274人となり、42年にはピークを迎えて2,096人となった。43年には1,769人に減少し、その後も学徒動員などの影響でさらにその数が減った。つまり、尹東柱が同志社に学んでいた1942年前後が朝鮮人学生の最も多い時期だったのである。その年、日本全体では2万9,427人の朝鮮人学生がいたが、半数以上の1万7,000人は東京に集中していた。京都は大阪に次いで3番目である。大学生だけで見ると、合計2,788人のうち、東京の2,417人が圧倒的で、次いで京都が181人（官立69人、私立112人）、福岡36人などとなっている。

これから見ると、30年代から40年代にかけてピークを示した朝鮮留学生（大学生）については、圧倒的多数が東京在住であり、京都の大学に学んだものは6.5％という極めて少数派に過ぎなかったことがわかる。

同志社の女子留学生

また宮澤正典上掲論文は、同志社女子専門学校における朝鮮留学生の実態を明らかにしているが、それによるとつぎのようになっている。

　同志社女学校専門学部における最初の正規卒業生は1924年入学、1927年3月英文科卒業の金末峰、次が1928年英文科の

高鳳京と王秀生、家政科の韓有順であった。この年までに10余名の中途退学者がいた。1945年の敗戦時までに、高等女学部、専門学部（英文科予科修了生を含む）あわせて約100名が卒業している。そして中途退学者の数はそれに倍する数があったとみられる。それは決して少ない数ではない。……同志社女子大学の所蔵する「同志社女学校専門学部学籍簿」のうち大正6（1917）年度とその翌年のもので見ると、1917年9月の2学期にR（京城、貞信学校出身）が英文科予科に入学したが、1918年1月に普通学部に編入学するために退学している。1918年4月、B（梨花学堂出身）は同予科に仮入学したが、翌年3月無届欠席で原級、7月に家事都合により退学。G（京城、進明女子高等普通学校出身）は休学で原級、5月に家事都合により退学。K（梨花学堂出身）は1918年9月に仮入学、翌年7月に家事都合により退学。3人とも中途退学をしている。それ以後も大半が中退するのは、それだけに厳しい条件を負っていたと考えられる。……朝鮮出身者がもっとも多かったのは、1936年の家政科で、卒業生45名中の7名をしめた。家政科では留学生の中退も4名あった。この年度の家政科で卒業時に就職しているのは9名に過ぎないが、そのうち4名が留学生であった。

宮澤正典の調査は貴重であるが、朝鮮女子留学生に限定されていて、同志社全体の朝鮮留学生の実態をとらえるためには、さらに範囲を広げた調査が必要であることがわかる。

日本の台湾留学生
　上述のように、朝鮮留学生（同志社を含む）の実態に関しては、

研究が比較的進展していることがわかるが、台湾留学生については どうだろうか。日本統治時期の台湾については、30年代における台湾留学生たちの、「東京左連」や「台湾芸術研究会」などの文学活動や、林献堂や蔡恵如などを中心にした民族運動についての研究が比較的盛んになってきているが、教育問題をまとめた鍾清漢『日本植民地下における台湾教育史』は、台湾の教育制度の差別的構造が結果として日本留学を盛り上げたことを資料的に証明していて興味深い。

　……それは却って学歴と進学熱に油を注ぐ結果となった。なぜならば中等教育の入学試験において、「国語」、修身、歴史等の入試科目が日本の歴史、国体観念等の問題を含むことは台湾人に不利であり、したがって上級学校に進むことにハンディキャップを付せられている以上、他の途を講じて進学するしか方法がなかった。台湾人でありながら、台湾で高等教育をうけられない台湾人は、日本内地に殺到した。1940年の統計では、当時日本の各専門学校に留学した男子学生は1,436人、女子学生は360人で、日本の各大学に留学した男子学生は309人、女子学生はわずか1人であった。……そしてほとんどが実業学科、とくに医学に集中したのは、卒業後の就職面における制約による関係とともに、台湾人の人的資源開発のアンバランスならびに進学に大きく響いた。……台湾女子留学教育はもとよりあまり発達していないが、1920年代以後、留学教育もようやく進んできた。……官報の統計資料によると、1922～1941年の20年間、日本内地に留学した女子学生は計4,644人で、男子学生の11.24％を占めているにすぎない。1922年以前の日本

内地への女子留学生については確実な統計がないがごく少数にちがいない。(p.201)

　ここから、20年代から30年代末にかけて日本への留学者が多かったこと、留学した学校も中等教育から高等教育にわたっていたこと、また専門分野も広きにわたっているが、特に実業と医学関係が多かったことなどの全般的な状況が浮かび上がってくる。また上沼八郎「日本統治下における台湾留学生」は、台湾留学生のほとんどは東京に向かい、京都はそれに次いで多かったこと、さらに彼らの多くが早稲田、慶応、中央、同志社などの私学であったことなどの事実を指摘している。しかし、これらの研究においても、各地域や学校ごとの数字的根拠は不十分でなお概論的段階に留まり、同志社の留学生に関する独自的調査の必要性は十分残されていると考えている。

第1章　最初の台湾留学生——周再賜

　これまでの朝鮮・台湾留学生に関する予備作業を受けて、同志社のアジア留学生に関する実態調査へと進むのが順当というべきだが、ここで周再賜という一人の人物を取り上げてみたい。『同志社百年史——通史篇一』に、「同志社普通学校の入学者は四国・九州等はもちろん台湾から入学した者もあり、17才で1905年4月同志社普通学校2年級に編入学した周再賜は台湾からの入学生第1

写真3　周再賜

号であった」と記載しているように、周再賜は同志社における最初の留学生として記録されているが、台湾留学生第1号として、受け入れ体制も確立せず、学習・生活条件の困難な当時の状況のなかで、普通学校から同志社大学を卒業し、日本人女性と結婚し、アメリカの大学で博士号を獲得し、同志社大学助教授に任用され、さらにその後は群馬の共愛女学校の中興の祖として、40年にわたり校長を勤めあげるという、まさに同志社のキリスト教主義教育を体現した人物であった。(写真3) 周再賜が同志社に入学し、無事に卒業を果たしたことが、一般の台湾人に知れわたったため、台湾人が子女の多くを京都や内地の学校に送るようになったというが、この意味で周再賜は、台湾人やアジア人の京都留学

の端緒を拓いた人であったと言える。以下、同志社留学生のさきがけとしての周再賜の軌跡を追ってみたい。

1. 周再賜の教育生涯

出生から同志社留学まで

　周再賜は1888年8月13日、台湾屏東市に生を受けた。祖父は周宜輝という読書人出身で、父は周歩霞（号は耀彩）という長老教（プレスビテリアン）の伝道師であり、母は蔡許銀といった。周再賜には7人の兄弟姉妹がいたが、その後長兄の錫英は薬剤師、次兄の福全は医師となり、周再賜は三男であった。姉妹のほうでは、長女の腰は夭折し、次女の慈愛は呉主恵博士・呉義方牧師の母となり、三女の慈玉は張鴻図の夫人としてキリスト教界において活動をした。また四女慈好の夫・陳振玉は、政治活動に参加し、大陸で暗殺されてしまったという。

　周再賜の生まれた屏東市は、1865年に長老教会が伝道を開始して後、全人口の4％をクリスチャンが占めるまでになり、キリスト教の影響がかなり大きな地域であった。欧米の宣教師と交流を持って成長してきたこの地の伝道師のなかには、世界の事情に敏感で、子女の教育にも深い関心を持つ人も少なからずいた。周再賜の両親も、3男4女にそれぞれ教育を受けさせ、高い教養と篤い信仰を持つクリスチャンに育て上げていった。日清戦争の後、台湾は日本の植民地となったが、当時9才の周再賜は嘉義の教会堂で久留島武彦という一人の日本兵士（熱心なクリスチャンでもあった）と知り合いになり、絵画と日本語を学んだという。その後台北の公学校4年に編入し（教頭の小竹徳吉からとても可

愛がられた)、さらに公学校からは飛び級扱いで台北の国語学校(内地の師範学校に相当)に入学することになる。

さらに高学歴をめざして日本留学を希望した周再賜は、キリスト教主義の学校として、東京の明治学院と京都の同志社を最終候補として残し、結局くじで同志社に決めたという。このようにして周再賜は1905年4月18日に、1,900トンの薩摩丸で神戸港に上陸し、その足で京都同志社普通学校の学力試験を受け、2年生として編入が許可された。

普通学校では、留学生として差別を受けることもあったが、人格のよさと積極的な態度が評価されたためか、3年生には級長に、4年生・5年生には寮長に選ばれた。また、3年生の時には、同志社教会に入会し、クリスチャンとしての生活を過ごしながら、父親の跡を継いで牧師への道を歩もうとした。

1909年に同志社普通学校を卒業した周再賜は、1年間同志社図書館に司書として勤務後、1910年7月には同志社大学神学部に入学した。そして1915年3月には同志社神学部を12名の級友とともに卒業した。卒業論文のテーマは「基督教徒の意志生活」であった。

卒業にあたって周再賜は日本内地で牧師の道を求めたが、民族的な差別もあり推薦を得ることができなかったために、ついに1915年夏にアメリカのオベリン大学へ留学することになる。そして同校を卒業後、シカゴ大学に進み、「宗教心理学における潜在意識」によってMA学位を取得し、さらにニューヨークのユニオン神学校にも学んだ。

丁度そのころ、同志社から大学助教授への招請状が届いたので、早速1921年3月に、サンフランシスコから船で京都へ向か

い、同志社大学神学部神学科助教授として宗教心理学、基督教社会学及び英語等を担当することになり、授業以外にも、時間割、教授会記録、学生の奨学金に関する事務や米国への留学推薦の紹介などいわゆる雑用の仕事を嫌がることなく積極的にこなした。その間、同志社中学で修身を、また同志社女子専門学校で修身と英語を担当したが、洋行帰りの先生ということもあり、学生の歓迎を受けたという。

同志社大学助教授の辞職

周再賜が同志社大学助教授に就任して、1カ年が過ぎた1922年4月に、勝見千代と結婚することになる。千代夫人は同志社女子専門学校出身で、その兄3人（8人きょうだい）と周再賜とは同志社普通学校の同窓で、最も親しい間柄であり、いわば兄弟ぐるみのつき合いのなかで、婚約が決まったのだが、千代の両親は周再賜との結婚に強く反対をした。新島襄に心酔してその子女をすべて同志社で学ばせたという、当時においては自由で進歩的な考えを持っていた両親にして、娘が台湾人と結婚することに賛成できなかったということは、当時の世相の状況を窺うに足りる出来事であった。結局この縁談は、文学部長芦田慶治のとりなしもあって、無事軌道に乗り結婚にいたったのだったが……。

周再賜が千代夫人との結婚生活と、助教授としての教育研究生活が順調に動き出した頃、総長となった海老名弾正は、東大出の若手の学者を大量に導入して研究に活力を与えるとともに、大学の規模を拡大し、学生数の増加によって学校経営を改善しようとしたが、少人数教育を理想とする周再賜は、こうした同志社の変化についてゆくことができず、ついにガリ版刷りで総長批判のビ

ラを作って、広く校内に配布し反対活動を展開していく。

共愛女学校校長として

　周再賜が第2の人生を賭けて、終生にわたる活躍の舞台に選んだのは、前橋の共愛女学校であった。彼が同志社大学助教授の辞職を考えていた頃、共愛女学校では第8代校長柳田秀男の辞任で混乱状況にあった。結局、同志社大学の海老名総長の秘書森川正雄の斡旋で、周再賜を共愛女学校の校長として招聘することが理事会で提案され、承認された。かつて新島の教育観に触れた熊本バンドのメンバーが、1888年6月11日に創立した前橋英和女学校（共愛女学校の前身）は、群馬県最古の女子教育機関だが、前橋英和女学校（共愛社）設立の発起者になることを新島襄が承諾したこと、あるいは初代校長不破唯次郎を始め、歴代の校長が同志社関係者であったことなどが、周再賜を受け入れる地盤となっていたことは疑う余地がない。ともあれ周再賜は1925年9月に前橋共愛女学校第9代校長に就任して以後、40年にわたってその職責を全うすることになった。就任直後の学園は、生徒数300名程度で、教員にも恵まれず、経済的基盤もない状態であったし、台湾人ということで余り歓迎されなかったが、周再賜はさっそく、さまざまな組織的改革（校友会組織の統一、共愛互助会の組織化、共愛時報の創刊など）と施設の拡充に乗りだし、総坪数235坪鉄筋コンクリートの大規模校舎（共愛館）を建築したり、平屋建て84坪の雨天体操場（共励館）を建設していった。やがて学園の基礎が徐々に固まるとともに、世評も次第に賞賛に変わっていき、その後の10年間、共愛女学校は周再賜の超人的努力によって、驚異的な発展をとげていく。いわば周再賜は共愛女

学校の中興の祖となったのである。

　1937年7月7日に日中戦争が勃発すると、種々の困難がかぶさってきたが、周再賜は柔軟な対応で難局を乗り切り、共愛女学校創立50周年にあたっては、寄宿舎と作法室とを含む2階建て総坪数140坪余の規模を持つ愛光館を落成させたり、さらに共愛幼稚園を1939年12月に開設するなど着々と拡充していったのである。だがついに、1945年8月5日夜の前橋大空襲によって、鉄筋コンクリートの共愛館と、幼稚園にしていた洋館と、離れの松蔭荘だけが焼け残ったほか、一切の建物は灰燼に帰したのである。そのため、現在共愛学園には当時の学籍簿などの資料が一切なくなっているということだが、残念というほかない。

共愛女学校の留学生

　周再賜の教育方針はキリスト教主義にあり、そのモットーは1.人格主義、2.形式よりも精神、3.労働神聖、4.自由自治、5.犠牲の精神という5本柱であった。この考え方は、彼の共愛時代の教育実践に一貫したものであったが、飯塚実枝子「共愛受難の時代」(『共愛学園九十年記念誌』)は、戦争時期の厳しい状況下で、軍部や特高の弾圧に対抗した周再賜の形象を具体的に浮かび上がらせている。

　聖戦という名のもとに、思想や言論の抑圧が日増しにきびしさを加え、遂に文部省の命令で全国の中学、女学校から敵国語であるとの理由で、英語の授業が廃止された。周先生は、選択科目として英語を続ける決意をされ、私たちB組の生徒は、父母の捺印した嘆願書を文部省に提出して、週5時間の英語の授

業は、1日も休む事なく続けられた。あのきびしい戦時中、これは殆ど全国に例がなかったそうで、先生の社会に迎合しない教育者としての崇高な姿勢がうかがえる。軍国主義のあの時代は、愛国心を高めるために、修身の課目が、最も重要視されていた。しかし、私達は周先生から修身の教えを受けた記憶は殆どない。……特に終戦間際、特高警察や憲兵隊の目が、一段ときびしくなると、いつ教室に踏み込まれてもいいようにと、机の上に修身の本を開かせて、周先生は、時を惜しむかのように、熱心に聖書の講義を続けられた。

　また、"国家"という全体主義のもとで、個人、自由などの言葉は絶対禁句であったにもかかわらず、毎朝の礼拝でじゅんじゅんと「人格の尊重」「自由と自治」をとかれる先生に生徒の私達は先生の身の危険を案じていたものである。

　かつて同志社や全国の学園でも英語の廃止や、神棚の強要などが現実化する状況の中で、選択科目とはいえ英語が科目として残されたことは、共愛学園の独自性と存在意義を象徴しているといえよう。

　もうひとつ、周再賜の教育姿勢を示すものとして、留学生への対応があると思われる。アジア留学生に対する差別的感情が強かった当時の社会風潮のなかで、周再賜の同志社での生活もその影響を免れることはできなかったが、周再賜はその体験をのちの教育実践のなかで生かしていった。共愛学園において留学生がどのような位置を占めているのか、戦前の学籍簿が焼失しているので、数字を具体的にあげることは困難だが、『共愛学園七十年史』には、「昭和13（1938）年12月の共愛時報」の記事として、留

学生にかかわる興味ある叙述がある。

　大正14・5（1925・6）年頃は寄宿生75名程居りましたが急激なる交通機関の発達、殊にバスの発展のため寄宿生漸減、30人程になった年もあったが、愛光寮ができたためか今年は急に増加しました。……寄宿舎は4月に20余名の新入生を迎えて以来それはにぎやかだ。愛光寮は40名、シオン寮8名、平安寮12名、信愛館4名、それに信和寮7名、合計71名、朝鮮から3人、台湾から7人、さすがのネズミちゃんやネコちゃんもいつまでも甘えてばかりおるわけにはいかない、2年生気取りで小さい人の世話をしていかねばならなくなった。とにかくあの短い洋服を着たSさんがはるばる朝鮮羅新から入舎したのもついこの間の様にしか思えなかったのに、……。

ここで注目されるのは、寄宿生71名中の10名が留学生で、朝鮮と台湾の比率が3：7であったことである。これは、恐らく当時の日本の全般的な状況とは異なっており、台湾人であった周再賜を頼ってやってきた留学生が多かったことを暗示している。そのほかに教え子の「思い出」からも、当時の周再賜の留学生に対する暖かい目配りをうかがうことができるが、いまその幾つかの事例をあげてみよう（「追悼文集」『周再賜先生の生涯』）。

金玉羅「大きな心持て」（昭和17（1942）年卒、旧姓富田義景）
　私は寮で生活をしておったのですが、或る夕拝の時地理の先生が韓国に就いて批判的なお話をしたのですが私の心はおだやかでありませんでした。暗い校庭へ歩き出し悩んでおりまし

第1章　最初の台湾留学生——周再賜

た。フト見ると校長室に灯がついています。おそるおそる戸をたたくと内からお入りなさいと云う周先生の声がしました。私は先生の顔を見るなり"私は学校をやめます"と申しますと先生はびっくりして色々と私にきかれました。"そんなことで折角はるばる勉強に来たのにやめてしまうなどと考えては駄目です。もっと広い大きい心をもって初心を貫かねばだめですよ"とさとして下さいました。先生のあたたかいおさとしで無事に卒業し同志社女専へも進学することが出来ました。

黄雪子「第二の王陽明」(昭和16 (1941) 年卒)

　私が共愛女学校の門をくぐった時は、今からあしかけ40年前の秋でした。学校では、第2学期の始めで入ったばかりの私は、A, B, Cもわかりませんでした。折角わざわざ台湾から来たのですから、しっかり勉強しなさいと、周校長先生の暖かい思いやりに入学させていただきました。校長先生は早速、島村牧師に頼んで放課後学友の帰った教室で数学と英語を暗くなるまで一生懸命に勉強させました。……地理が赤字だったので周校長先生にまた呼び出されて"もし赤字が青字にならないならば台湾へ帰らせるぞ"と激励されてその次の学期には、全部無事成績を上げて翌々年には、卒業証書を手に台湾へ帰りました。4学年の春休みの頃、卒業生の王さんが母校の共愛に帰ってきました。……自分が共愛に入った時は日本語を全然知りません。周校長先生も担任の裁縫の先生に頼んで電灯を指しては"これは電灯です"、机を指しては"これは机です"と教えてもらいました。王さんは卒業後大森医専に入り、その時は同校の学生でした。周校長先生は、教育界の第2の王陽明先生と云わ

れています。

また教員の勝見まさも「教員だった頃の思い出」で、学園における留学生をつぎのように描写していて、当時の様子を彷彿とさせる。

　……昭和の初め頃から台湾や韓国から留学生が来るようになりました。皆寮の生活をしておりましたが他の生徒とも実に仲良くつき合い或る者はクラスのリーダーにもなりました。韓国からの生徒は薄い布団を1枚しかもって来なかったりしますが、そんなとき周先生は自分が一緒に店まで買いについて行ったりもしてお世話なさいました。又日本語の全然わからない中国人も来ましたが、毎日舎監が日本語を教えたり、又特別の人を頼んで教えさせたり、ゆきとどいた世話をされるのでこれらの留学生は非常によい成績で卒業し故里に帰えって立派な働きをしております。韓国から留学生が来る様になったきっかけは、共愛の卒業生で医学校に在学中の学生を周先生が訪問した際、前橋名物の片原まんじゅうを手土産用にもってゆかれたところ、寮生が、校長先生が卒業生におみやげをもって尋ねてこられたのに感激して、そんな学校に自分の友人を学ばせたいと云うことからの様です。

以上から見ても、周再賜校長が留学生ひとりひとりに暖かい目を注いでいたことがわかるが、特に彼が外国人であることから、台湾をはじめとする多くの留学生が群馬の共愛学園を目指してやってきていたことが充分推測できる。

また同志社女子専門学校の学籍簿を見ると、共愛女学校出身者は数十名を数えるが（かつて同志社女子専門学校の入学試験が共愛女学校で実施されていた）、そのうち朝鮮留学生は2名、台湾留学生が1名（いずれも本科英文）である。宮澤正典は、李淑礼と金玉羅という朝鮮留学生が、共愛女学校で学歴を補った上で同志社女子専門学校に入った経過を詳しく紹介している（上掲宮澤正典「同志社女学校と朝鮮」）が、留学生に関しても共愛→同志社という一つの進学ルートが存在していたことになる。

戦後の共愛学園の発展

　日本の敗戦は、周再賜に日本人から中国人への国籍の変更を迫ることになったが、結局帰化の道を選択する。周再賜の言葉を借りれば「私は8才までは支那籍、それから50年間日本籍、終戦と同時に無籍、無籍ではいけないというので中華民国籍に入り、昭和28（1953）年10月やっと国籍離脱し、29（1954）年1月5日帰化の日本国民になったのである。」（写真4）

写真4　周再賜と千代夫人（1966年の叙勲に際して）

かねて台湾でも人望の高かった周再賜には、しきりに帰島の誘いがあったが、結局それを振り切って帰化の道を選択することになる。そのときの気持ちを彼は、「たかさごへ帰らんとさそふ若人に、わが国籍は天なりと告げよ」という歌に託したが、夫人千代への愛、共愛女学校への愛、祖国への愛、神への愛という4つの愛の葛藤のなかで選択を迫られたということになるのであろうか。

　さて敗戦後、共愛女学校は周再賜の必死の努力で再建を果たしていく。まず共愛学園と改称し、中学と高校を併置し、さらに校舎の大規模な拡充を行うなど、学園は内容概観ともに驚異的な進展を示すことになったが、その後理事会内部での内紛が起こり、そのため周再賜は1965年1月の理事会評議員会において園長を辞任し、失意の生活を送ることになる。対立の原因は、敗戦後の人口増加のなかで、学校規模と生徒数の拡大という時代の要請と、周再賜の理想とした少人数教育とのギャップにあったと思われ、それは丁度彼が同志社の学園規模の拡大に反対して辞職したかつての経緯と同じパターンであるように見える。ともあれ、1969年12月2日の早朝、周再賜は老衰のために死去し、その遺骨は前橋郊外の亀泉霊園に埋葬された。その後周再賜夫妻の遺徳をしたう人々によって「賜千会」（周再賜と千代から1字づつ取った）が生まれ活動した。

　学校法人共愛社は、周再賜の死去のあとも、共愛学園高等学校を中核として発展を続け、1979年には共愛学園高等学校に英語科を設置し、前橋市の全面的な支援を得て、1988年には共愛学園女子短期大学（国際教養科・定員は250名）を開設し、さらに1999年には共愛学園前橋国際大学（国際社会学部）へと発展的

に転換をとげ、「国際主義にもとづく全人教育」を展開しているが、そこには周再賜の教育方針が現在に生き続けていると見ることもできる。(写真5)

写真5　前橋国際大学

2. 清水安三と周再賜

同志社とオベリン大学

ところで周再賜の追悼集『周再賜先生の生涯』の編集者であった清水安三は、桜美林大学の創立者として有名だが、周再賜とは大学神学部2年生（クラス人数は14〜5名）のときの同級生であり、またアメリカのオベリン大学の同窓生という関係であった。ただ清水安三の『石ころの生涯』や『桜美林物語』を読んでみても、同志社在学中における周再賜との関係に触れた個所がないから、両者が親密になったのはむしろ戦後になってから、おそらくは同じ関東で教育活動に従事していたこと、かつて同志社から"追放"扱いを受けた境遇、台湾に対する親近感（清水安三

の実姉きよ子は台湾人のための奉仕活動に参加した）などの要因があったからかも知れない。2人の関係の深さは勝見まさという一人の女性を通してうかがい知ることが出来る。彼女は周再賜の教え子だったが、同志社女子専門学校を卒業後、共愛女学校の教員となり、千代夫人の兄である勝見精史と結婚して周再賜と姻戚関係を結ぶが、35年間の共愛学園での教員生活の後、1966年には桜美林学園短期大学（英文科）に転出している。このことからも周再賜と清水安三両人の関係の深さを推測することができよう。

　さて清水安三について述べると、彼は1891年6月1日に滋賀県で生まれ、膳所中学を卒業後、1910年同志社大学に進学したが、ある日、牧野牧師からアメリカン・ボードの宣教師であったホレス・ペトキンの話を聞いたことがきっかけで、1917年に日本から派遣された最初のキリスト教宣教師として中国に渡ることになる。その2年後、東北5省を大旱魃が襲ったときに、救済活動に参加し、美穂夫人とともに、飢餓に悩む農民の子弟800人を預かって、読み書きを教え、賛美歌を習わせ、聖書の話を聞かせた。そのときに得た寄付金580円をもとに、清水夫妻は1921年5月28日、北京の朝陽門外に崇貞学園を建てた。1924年8月、清水安三は、オベリン大学（校名"桜美林"の由来）に留学することを決意し、2年間のアメリカ生活を過ごした。1945年の敗戦にともなって、北京の崇貞学園は中国政府に接収され、日本に帰国した清水安三は1946年5月には桜美林学園を創立し、高等女学校・英文専攻科を設立し、10名の教員と、214名の生徒によって開校式にこぎつけた。

桜美林学園の現在

　その後桜美林学園は、幼稚園、中学校、高等学校、短期大学と次々に拡充を遂げ、1966年に大学文学部を開設してからは、経済学部や、国際学部を増設し、4学部9学科（学生定員6,000名）を擁する綜合大学へと発展している。注目すべきは同大学文学部創設当初から「中国語中国文学科」が設置されている点で、これは清水安三がかつて「英語を教えることは、全く当然であるが、更により重要なことは、中国語を学習せしめるべきである。それ故に中国語中国文学科を、英語英文学科とサイドバイサイド、設置することはまことに、建学の精神にはなはだ合致した企画であると言わねばならぬ」と述べ、赤字経営を覚悟で同学科を設置したことは、彼の信念と先見性を示している。

　ところで、清水安三にはジャーナリストとして活躍した経歴もある。清水安三は1919年の"五四運動"時期に、『北京周報』、『我等』、『日本及日本人』、『読売新聞』などの新聞や雑誌に精力的に寄稿し、中国問題について健筆を揮ったが、時として直截な論調は日本軍部の反感を買い、彼の関係した『北京周報』は廃刊の憂き目にあったという。彼の中国論には、知人でもあった陳独秀や李大釗・周作人などから得た知識が背景にあり、それで当時の新しい潮流を紹介できたのだろう。例えば『支那当代新人物』（1924年）で「盲詩人エロシェンコは周樹人（魯迅）を支那創作家の第一人者であると推称した。わたしもそう思うものの一人である」と、魯迅を日本に紹介してもいるのである。

第 2 章　戦前同志社におけるアジア留学生

1．学籍簿による調査の必要性

　最初の台湾留学生である周再賜以後、「ハワイ、中国や朝鮮、台湾から来た多くの青年が同志社諸学校に学んでいた」(『同志社百年史――通史篇二』) ことは知られてきたが、アジア留学生がいつ、どれだけいたかということに関する具体的な資料を見つけだすことができない。そこで、実態をさぐりだす方法を考えたいのだが、まず手近なところで、過去に出された各種卒業生名簿を見てみることにする。同志社の社史資料室には、戦前から年次ごとに編纂されている『同志社校友会便覧』(1923 年〜 1943 年) や、『同志社同窓会会員名簿』(1936 年〜 1978 年) があるほか、現在はこれまでの名簿を網羅した"完全版"『同志社校友会名簿』(同志社校友会発行 1993 年) が発行されている。その卒業年度別の「氏名」と「現住所」(本籍・国籍の記載はない) を手がかりにして、国別 (国籍) 留学生のリストを作ることを考えてみるが、どうもうまくいきそうにない。例えば私の知人の秦賢次さんは、その名前だけで台湾人だと判断することができないし、朝鮮の場合には創氏改名が強制されたこともあって、日本の姓名を用いていることも多いし、また中国・朝鮮・台湾との人的交流が激しかった時代では、現住所によって本籍を推定することもできないからである。もう一つ重要な問題は、留学生の特徴として転学・退学・除籍のケースがきわめて多いことで、そのために留学生の実態を

把握するには、卒業生ではなくて、入学者の名簿がどうしても必要なのである。

そこで、私は同志社に保管されている学籍名簿の閲覧を試みることにした。学籍簿には、学生の①氏名（原氏名を含む）、②生年月日、③地域（本籍地・現住所）、④所属学部、⑤入学・卒業年度、⑥出身校、⑦成績が記載されており、これによって留学生の入学・卒業状況と、国別（国籍）を確定できることになるからである。

現在の学校法人同志社は、同志社大学のほかに、同志社女子大学、いわゆる5中高（同志社中学、同志社高校、同志社香里中学・高校、同志社女子中学・高校、同志社国際中学・高校）と幼稚園を擁しているが、1875年に同志社英学校が設立されて以後百数十年の歴史のなかでは新増設や統廃合を重ねながら複雑な沿革の過程を歩んできている。今参考までに、1932年の「同志社諸学校系統図」を示してみる。（図1）

図1　同志社諸学校系統図

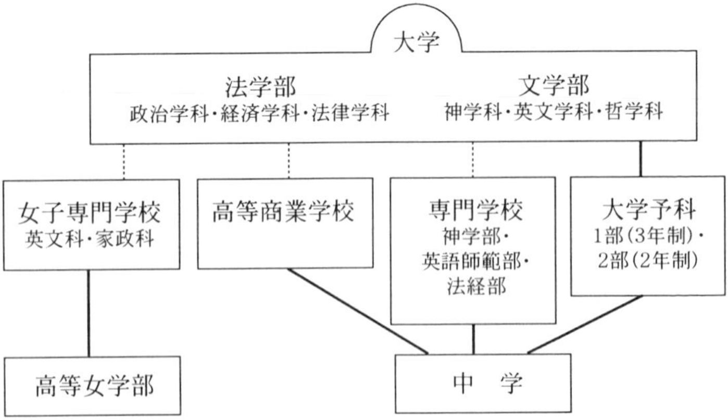

```
                    大学
        法学部              文学部
   政治学科・経済学科・法律学科   神学科・英文学科・哲学科

女子専門学校  高等商業学校  専門学校      大学予科
英文科・家政科            神学部・      1部(3年制)・
                        英語師範部・    2部(2年制)
                        法経部

高等女学部              中  学
```

このうち戦前の関係学籍簿は、現在以下の部門に保管されていることがわかっている。すなわち、大学・高等商業学校・専門学校・大学予科の学籍簿は同志社大学学事課に、女子専門学校の学籍簿は同志社女子大学教務課に、中学の学籍簿は同志社高校に、また高等女学部の学籍簿は同志社女子中学・高校に所蔵されているので、それぞれ学校別に分けて調査を行うことになった。ただそれぞれの事務機関によって、閲覧・公開の基準が異なっていたが、幸い各学校の協力を得てすべての学籍簿を利用することができた。ただし氏名・本籍地・成績などプライバシーに関わる事項は、すべて非公開というのは共通であったから、慎重に取り扱うことにし、調査にあたっては、①学籍簿の本籍地と氏名によって国別を判定する、②卒業者ではなくて入学者全員を対象とする、③入学者の時期は昭和20年までとする、④学内での進学移動・再入学など氏名が重複する場合は、そのまま加えて延べ人数とする、という基準を立てて作業を進めた。戦前に朝鮮と台湾は日本の植民地であり、外国留学生ではなかったが、朝鮮・台湾を中国と同じくそれぞれの国別の留学生としてして扱うことにする。

2. 同志社大学管轄諸学校の国別留学生

　同志社大学が管轄する学籍簿は、大学のほか、専門学校、高等商業学校と大学予科を網羅している。今、その調査の結果をグラフで示し、その特徴と傾向についてまとめてみる。

全般的傾向について

　留学生総数は463名で、その内訳は中国12名（2.6％）、朝鮮325名（70.2％）、台湾126名（27.2％）となり、国別の比率で見ると、朝鮮が圧倒的に多数を占め、逆に中国は極めて少数であることがわかる。（図2）

図2　同志社大学における留学生（総計463名）

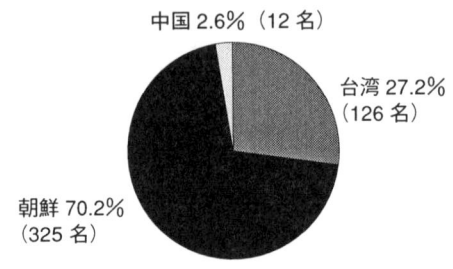

中国 2.6％（12名）
台湾 27.2％（126名）
朝鮮 70.2％（325名）

　また所属学校の分布を見ると、大学予科の29.2％（135名）と専門学校（専門学部）の29.8％（138名）がほぼ並び、大学が24.8％（115名）とそれに次ぎ、高等商業学校は16.6％（77名）と数字的にはかなり低率だが、大学が法学部（政治学科・経済学科・法律学科）と文学部（神学科・英文学科・哲学科）という6学科からなっていたことを考えると留学生における高等商業学校の比率は却って高かったということもできる。

　ちなみに、大学や専門学校の専攻別において国別の違いを見てみると、法学経済関係や文学関係（英文や哲学など）では、明確な差を取り出すことは出来ないが、神学関係、大学予科、高等商業学校及び入学前履歴の4点については、大きな国別の特徴を認めることができる。

神学関係入学生の傾向

その一つは神学関係（大学神学科、専門学校神学部など）の入学者数である。トータルの人数を数えると44名となるが、そのうち朝鮮は37名（84.1％）で絶対多数を占めており、それに比べて台湾は5名（11.4％）、中国は2名（4.5％）で、朝鮮と神学関係とは極めて密接で、逆に台湾・中国と神学関係については関係はそれほど強くないことが読みとれる。台湾留学生の絶対数と比率が小さい点について、私は意外感を持ったが、関係者の証言をとると、朝鮮のキリスト教は、同志社と同じ組合派教会が多く、牧師養成のために同志社の神学関係に留学するケースが多かったが、台湾は長老教の影響が強く、牧師養成のためには、長老教系列の日本神学校や明治学院などに留学するか、台湾の台南や台北の神学校・神学院に入るケースが多かったという。もっとも長老教と組合派には敵対的関係はなかったから、別に阻害要因となったわけではなさそうであるが。長老教の影響下にあった長老教中学や淡水中学の卒業後の進路を見ると、宗教系学校においては、日本神学校に留学した生徒が最も多かったことが確認できる。

大学予科入学生の傾向

次ぎに予科入学生にしぼって見てみると、ここにも興味深い事実がある。それは予科の入学者が135名にものぼり、全体の29.2％を占めていて、その内訳は、1部（3年制）が25名、2部（2年制）が110名で、2部所属が圧倒的となる。また国別の分布を見れば、朝鮮が101名（74.8％）、台湾が32名（23.7％）、中国は2名（1.5％）となる。つまり留学者数総数において朝鮮の比率が高いのは、朝鮮留学生に予科入学者数が多かったということと結

びついている。

「1894年の『高等学校令』によって、第1（東京），第2（仙台），第3（京都），第4（金沢），第5（熊本）高等学校（1高，2高などと略称）が登場した際には、4年制の専門学科を主とし、同時に将来帝国大学に入学する者のための3年制の予科を設けた」（平凡社『世界大百科事典』）ことと、朝鮮の予科入学生が突出していることを重ね合わせると、朝鮮留学生の多くが同志社以外の高等教育機関（帝国大学など）への志望者だったと考えるのが自然である。

高等商業学校入学生の傾向

今度は高等商業学校（高等商業部はその前身）を見てみよう。ここでは合計77名の入学者を数えるが、朝鮮が33名（42.9%）、台湾が43名（55.8%）、それに対して中国は1名（1.3%）となり、比率的に言えば台湾留学生の高さが目立っている。

1922年に同志社専門学校に高等商業部が設置されたが、まもなく第1次世界大戦の好景気もあって人気が集まり、定員も800名へと増加させるなど充実が計られた。そしてまもなく高等商業部卒業生は高等学校・大学予科と同等以上であると指定され、1927年には、商業英語・商事要項・簿記につき、実業学校教員無試験検定を受ける資格があるとして認可を受けることになったという。このような経過を考慮すれば、高等商業学校は完結性が強く、高等教育機関への予科的性格は持たなかったようだ。このことから、台湾留学生は実業指向がかなり強く、卒業後上級学校に進学しないで、そのまま帰国したものが多かったことが推測される。

大学入学前の学歴について

　学籍簿に記載されている大学管轄諸学校の入学前学歴を見ると、同志社中学（普通学校を含む）の卒業生が120名もいることが目を引く。そのうち国別の内訳をみれば朝鮮が37名（30.8％）、台湾80名（66.6％）、中国3名（2.5％）となっていて、台湾留学生の同志社中学出身者の比率の高さが極端に目立っている。したがって、同志社全体の留学生の実態を見ていく場合に、同志社中学の調査を抜きにできないことがわかる。

3．同志社中学における国別留学生の実態

全般的特徴から

　上記の作業を受け、同志社高等学校に保管されている同志社中学の学籍簿の調査を進めていったが、予想をはるかに超える留学生の存在が明らかとなった。つまり、同志社中学の留学生総数は総計835名を数え、大学所轄諸学校の学生数の2倍に迫り、その内訳を見ると中国39名（4.7％）、朝鮮248名（29.7％）、台湾548名（65.6％）で、台湾留学生が他を圧倒していることがわかる。（図3）

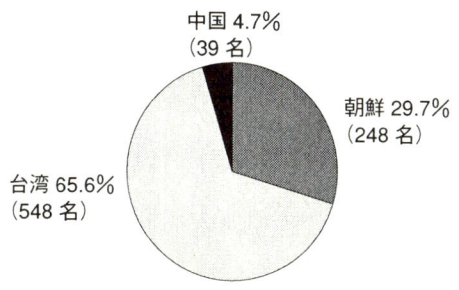

図3　同志社中学における留学生（総計835名）

中国 4.7％（39名）
朝鮮 29.7％（248名）
台湾 65.6％（548名）

クラスにおける留学生の比率

ところで、同志社中学の各クラスにおいて、留学生はどれくらいの比率だったろうか。ここに1930年度卒業クラスの学籍簿に添付されていた、クラス人数・担当教員表に出身地の記載があるので、それをもとに再現してみたい（ただし生徒氏名は略）。

```
第5学年甲組（46名）    司級教師：清水永明
日本（40）、台湾（5）、朝鮮（1）、中国（0）

第5学年乙組（42名）    司級教師：野村仁作
日本（34）、台湾（8）、朝鮮（0）、中国（0）

第5学年丙組（44名）    司級教師：福井大三郎
日本（30）、台湾（10）、朝鮮（4）、中国（0）

第5学年丁組（28名）    司級教師：塩瀬千治
日本（21）、台湾（5）、朝鮮（2）、中国（0）
```

1930年度の卒業生は4クラスで160名であったが、そのうち日本人学生は125名（78.1％）、台湾留学生は28名（17.5％）、朝鮮留学生は7名（4.4％）という割合である。このうち丙組では、留学生数が全体の31.8％を占め、台湾留学生も同じく22.7％を占めていることになる。

1クラスにおける、3割を超えた留学生の存在は、中学の高い国際化状況（言語面の差異や異文化的現象は顕在化しなかったとはいえ）を示しているといえる。大量の留学生が台湾や朝鮮地域からやってきたのは、当該地域の教育・経済面に主要なファクターがあったが、受け入れ側の同志社中学にもそれなりの理由があったはずである。

同志社中学は、1896年に同志社尋常中学校（5年制）が創立されてから、同志社中学校（1899年）→同志社普通学校（1900年）→同志社中学（1916年）→同志社中学校（1941年）と変遷を遂げるが、創立当初から公立中学との競争にさらされ、入学者の減少と徴兵令による退学者の増加に悩まされ、厳しい財政状況のもとにあった。だが1920年代に入ると生徒数は増加しはじめ、それにつれて定員も750名（1918年）、800名（1921年）、900名（1922年）、1,000名（1923年）というように増加している。1910年代の同志社大学の学生定員は700名程度だったから、同志社内における中学の財政的比重がいかに大きかったかがわかる。

中坊公平の中学入学

　ちなみに中坊公平「金ではなく鉄として」（『朝日新聞』連載）は、自分が同志社中学に入学した時の状況を次のように描写している。

　　4人に3人までが受かる中学（旧制）入試に、私は落ちた。
　　本当はみすぼらしい人間なのに、ぼんぼん育ちのおかげで、そんな自分に面と向き合わずにすんでいたが、さすがに社会の客観的な審判は容赦なかった。
　　私は、合格発表会場から家まで3キロほどを、知っている人に会わないよう裏道をたどって帰り、泣きじゃくった。……結局私は、同志社中学の2次募集で入学した。当時は公立中学に受からない子が行くことの多い学校だった。同じ小学校から公立入試に合格した連中は、学区内の松原中学へ入った。小学校の間は近所の子たちが一緒に登校したのに、今度は南の松原中

に行くみんなと別に、私一人だけ、とぼとぼ北の同志社中へ向かう。その姿を仲間や近所の人に見られたくなくて、やはり表通りは歩けなかった。

同志社中学が留学生を積極的に受け入れたのは、経営の安定という面から生徒数の確保を重視したためだったことがわかるが、留学生から見ると、軍国主義的風潮の強かった昭和期において、他の中学校に比べて、排他的でなく、自由・平等な校風であったことも、その魅力のひとつであったと語る卒業生が多いことを付け加えておきたい。

台湾留学生における入学前学歴の特徴

さて同志社中学の留学生の実態をさぐっていくと、もうひとつ興味深い傾向が浮かび上がってくる。それは入学前の学歴を見ると、台湾留学生では長老教中学と淡水中学の出身者が特にめだっていることであり、両中学出身者の総数は251名（台湾留学生総数の45.9％）を占め、台湾の公学校出身者84名を遙かに凌駕している。そのうち、長老教中学出身者総数は141名（台湾留学生中の比率25.8％）であるが、いっぽう淡水中学出身者総数は110名（台湾留学生中の比率20.0％）となり、長老教中学出身者のほうが5％ほど高い比率を示している。このことから、同志社中学と台湾留学生の間、なかでも長老教中学・淡水中学の2中学との間に、極めて強い関係があったことがわかる。（図4）また2中学の年次別推移を見ると、1924年から増加の傾向を示し、コンスタントな留学生数が10年ほど継続し、1940年で突然停止していることが一目瞭然である。（図5）

図4 同志社中学における台湾留学生の入学前学歴（総計547名）

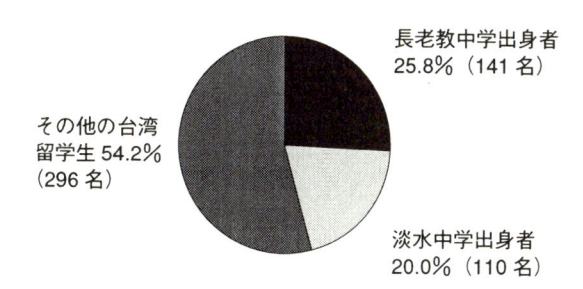

- 長老教中学出身者 25.8%（141名）
- 淡水中学出身者 20.0%（110名）
- その他の台湾留学生 54.2%（296名）

図5 同志社中学における長老教・淡水中学出身者数の推移

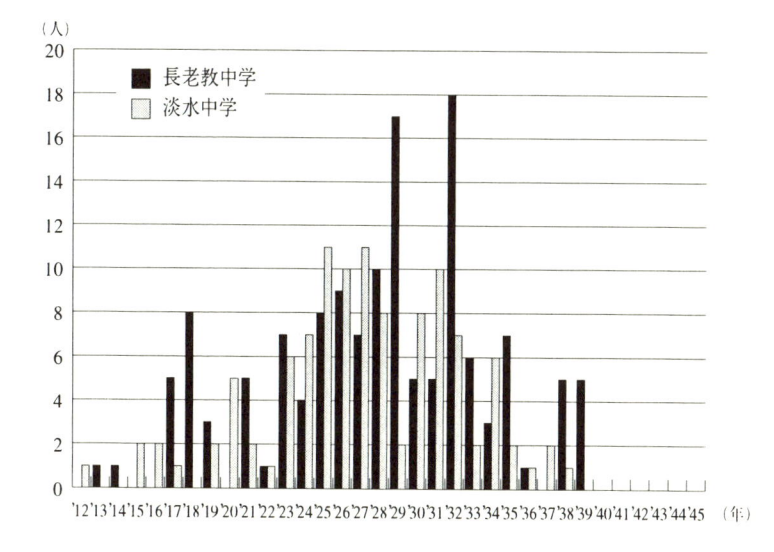

4．同志社女学校における国別留学生の実態

戦前女子留学生が所属した「同志社女学校」の沿革を簡単に示してみると以下のようになる。

「Davis（柳原）邸の女子塾」や「同志社分校女紅場」の前史を経て「同志社女学校」（高等普通部5年と専門学部3年）が正式に設立されたのは1877年9月のことだったが、その後1930年になって同志社女子専門学校（英文科予科1年、英文科3年、家政科3年）と同志社高等女学部（5年）に分かれ、戦後になってそれぞれ同志社女子大学と同志社女子中学校・同志社女子高等学校になり現在に至っている。

つまり女子教育に関する学籍簿は大きく2系統にわかれていて、このうち同志社女学校創立→同志社女子専門学校→同志社女子大学系統の学籍簿は、現在同志社女子大学教務課に保管されており、他方、同志社高等女学部→同志社高等女学校→同志社女子中学校・同志社女子高等学校系統の学籍簿は同志社女子中学校・高等学校の事務局に保管されていることになる。

同志社女子専門学校の調査結果

調査の結果、留学生入学者総数は119名で、その国別比率は中国10.9％（13名）、朝鮮68.9％（82名）、台湾20.2％（24名）となっている。同志社大学での調査結果と比較すれば、朝鮮は同じ比率（70.2％→68.9％）だが、台湾の比率は若干低く（27.2％→20.2％）、反対に中国の比率はかなり高くなっている（2.6％→10.9％）ことがわかる。（図6）

図6 同志社女子専門学校における留学生の国別比率（総計119名）

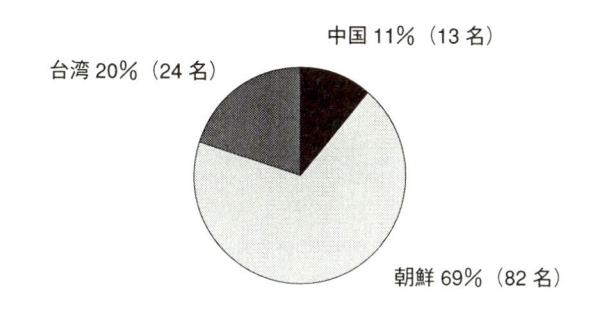

中国 11%（13名）
台湾 20%（24名）
朝鮮 69%（82名）

　次ぎに入学前経歴を見てみると、国別に若干の特徴があることがわかる。

　まず朝鮮関係では、①正義高等女学校が最も多く10名で、次いで②梨花女子校5名、③崇義高等女学校4名と続くことになる。他方台湾関係では、①州立台南第3高等女学校が6名で最も多く、次いで②州立台北第3高等女学校2名となる。ここでわかることは、朝鮮ではキリスト教系私立学校が多くて、台湾は逆に公立学校が多く、これは同志社中学における状況と大きな相違がある。ちなみに、台南・台北第3高等女学校は台湾人子弟の占める比率が高かった学校である。

　また、高等女学部など内部から女子専門学校への進学者は9名（中国5名、朝鮮2名、台湾2名）で、国別間で特に目立った差異を見つけることができない。また同志社中学の場合とは異なり、同志社女子専門学校の台湾留学生は、台湾の特定の学校（淡水女学院や長老教女子中学など）と特定の関係がみられない。

つぎに所属専攻について特徴を見てみよう。

①家政科は合計59名で、うち中国5名（8.5％）、朝鮮43名（72.9％）、台湾11名（18.6％）となる。

②英文科は合計52名で、うち中国8名（15.4％）、朝鮮33名（63.5％）、台湾11名（21.2％）となる。

③保健科は合計2名で朝鮮1名、台湾1名、またその他専攻はあわせて7名となっている。

全体的に見ると、中国留学生は家政科よりも英文科のほうが多く、朝鮮留学生は英文科よりも家政科の比率が高いということになるが、きわだった特徴というほどではない。

同志社高等女学部の調査結果

同志社女子中学校・高等学校に保管されている学籍簿は、外部者には閲覧が不許可とのことであった。最終的には同校のご好意で、プライバシーに触れない範囲で関係資料を作成してもらえることになったので、以下その資料をもとに留学生の状況を再現してみたい。（図7）

図7　同志社高等女学部における留学生の国別比率（総計47名）

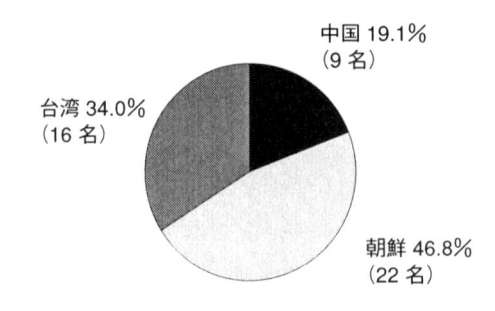

中国 19.1％（9名）
台湾 34.0％（16名）
朝鮮 46.8％（22名）

それによると1925年から1945年までに総計47名の留学生が入学しており、その内訳は中国9名（19.1％）、朝鮮22名（46.8％）、台湾16名（34.0％）となっている。同志社女子専門学校の国別比率と比較すると、中国と台湾の比重がかなり高く、朝鮮は相対的に低くなっていることがわかる。また年度ごとの留学生数は、1926年の7名が最大で、1928年が5名、1925年・1930年が4名で、それ以外は毎年ほぼ1名〜3名が均等に分布している。20年間という短期間ということ、その時期における朝鮮・台湾の中等女子教育の整備を考えると、むしろこの47名という数は意外に大きいということもできるかもしれない。

さらに入学前学歴を見てみるといくつかの特徴が見て取れる。第1に、朝鮮留学生に関しては、貞信女学校、淑明高等女学校、貞明女学校、崇義女学校などキリスト教系私立学校が比較的多いことである。第2に、台湾留学生に関しては、公立の公学校や高等女学校の経歴が多いが、1925年に2名、1926年に3名の計5名が長老教女学校から転入していることが特に目立つ。これは同志社中学と台湾長老教中学が深い関係にあったことと比較して重要な意味を持つだろう。第3の特徴は、日本学校の経歴が非常に多く、計12名を数えていることである。そのうち高等女学部からの編入が8名で、残りは尋常小学校や国民学校の卒業生だが、彼女たちは外地からの留学生というよりも、日本内地で育ち、両親と一緒に生活していたものたちなのかも知れない。

5．同志社教会の会員調査から

一方、同志社留学生とキリスト教との関係では、大学神学科な

どだけではなくて、別の観点から見ることも必要かも知れない。例えば『同志社教会員歴史名簿』には、新島襄の入会（1876年12月3日）以後の教会員のリストが掲載されているが、多くの留学生が入信した事実も記載されている。この名簿によって留学生をリストアップしてみると、1909年の2名を最初に、20年代から40年代にわたり計106名の学生を抽出することができる。そのうち、中学生の入信者が73名（68.9％）と圧倒的な割合で、次いで同志社女学校（女子専門学校・高等女学部を含む）関係は計24名（22.6％）となり、この2種の学校の生徒で全体の91.5％を占めていることが特に興味を引かれる。

さらに中学留学生について、学籍簿リストと付き合わせて国籍をさぐってみると、台湾が47名（64.4％）、朝鮮が15名（20.5％）、中国が4名（5.5％）、不明7となる。これは同志社中学における留学生国別比率（台湾65.6％、朝鮮29.7％、中国4.7％）とほぼ重なっている。キリスト教の交流という観点で見ると、同志社中学の重要性がきわだっており、留学生達は授業や日常生活のなかで、恐らく教師たちの強力な感化を得て入信し、クリスチャンとして卒業していったケースが多かったことを示している。

6．まとめ——戦前同志社における留学生の傾向

図と表に示したように、戦前同志社の留学生の総数は、延べ1,464名となり、その国別の数と比率は、中国が73名で5.0％を占め、朝鮮は677名で46.2％となり、台湾は714名で48.8％を占めている。つまり、朝鮮と台湾の留学生数はほぼ拮抗していて、両者は1930年をピークとすることで共通するが、ただ台湾の留

図8　同志社全体における年度別留学生数

国別＼年	1903	1904	1905	1906	1907	1908	1909	1910	1911	1912	1913	1914	1915	1916	1917
中国	1	0	0	0	0	0	1	0	0	0	1	4	3	0	1
朝鮮	0	0	0	0	0	0	4	1	1	3	3	5	1	6	3
台湾	0	0	1	1	0	2	5	8	1	12	12	13	7	7	8

国別＼年	1918	1919	1920	1921	1922	1923	1924	1925	1926	1927	1928	1929	1930	1931	1932
中国	0	0	0	10	1	0	1	4	0	0	2	0	4	1	1
朝鮮	5	4	3	9	12	8	18	18	15	10	16	21	58	44	26
台湾	15	15	19	17	25	20	17	33	43	37	38	41	52	30	39

国別＼年	1933	1934	1935	1936	1937	1938	1939	1940	1941	1942	1943	1944	1945	合計
中国	1	2	3	4	6	2	4	8	1	3	1	2	1	73
朝鮮	38	27	34	57	21	33	29	27	35	41	19	15	7	677
台湾	36	36	31	19	10	14	13	8	11	10	4	2	2	714

図9　同志社全体における年度別留学生数

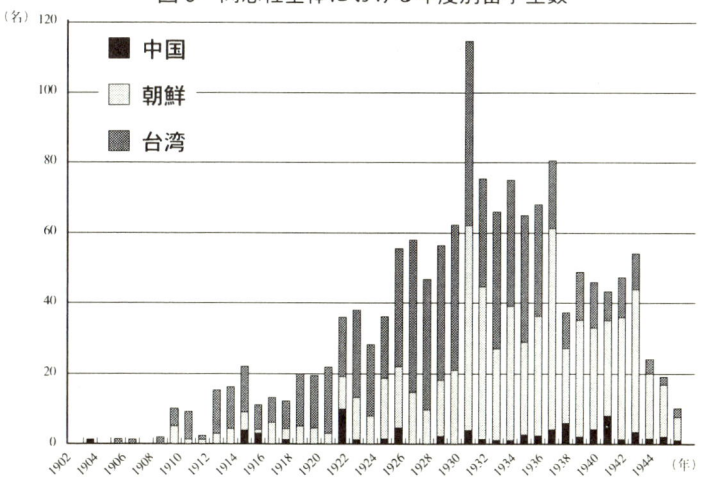

第2章　戦前同志社におけるアジア留学生

学生は1935年くらいまで集中しているのに対して、朝鮮の留学生は30年代から40年代にかけて増加傾向が続いていることが特徴である。その理由は、台湾の留学生数の数はその多くを同志社中学にたよっており、長老教・淡水中学の認可（1939年）後に、同志社中学への入学が激減することと関係している。(図8、9、10)

図10　同志社全体における留学生の国別比率（総計1,464名）

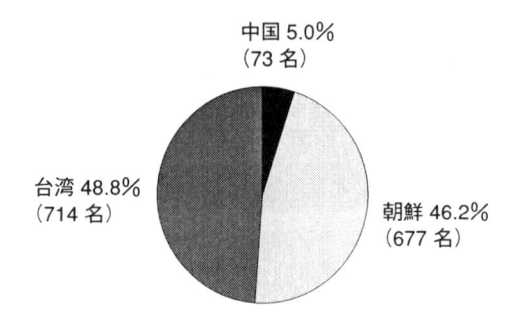

中国 5.0%
（73名）

台湾 48.8%
（714名）

朝鮮 46.2%
（677名）

つぎに専門学校レベル以上の留学生がどの分野に所属していたかを図で示したが、それによると大学予科135名（23.1%）と専門学校138名（23.6%）が第1グループを形成し、次いで、女子専門学校119名（20.4%）と大学115名（19.7%）が並び、高等商業学校は77名（13.2%）はかなり低い位置にあることがわかる。大学が法学部と文学部の6学科からなっていたこと、また同志社女子専門学校も英文科・家政科と2学科に分かれていたことを考えると、専攻別に見た場合に高等商業学校の占める比率は極めて高かったということもできる。(図11)

図11 専門学校レベル以上の所属分野別比率（合計584名）

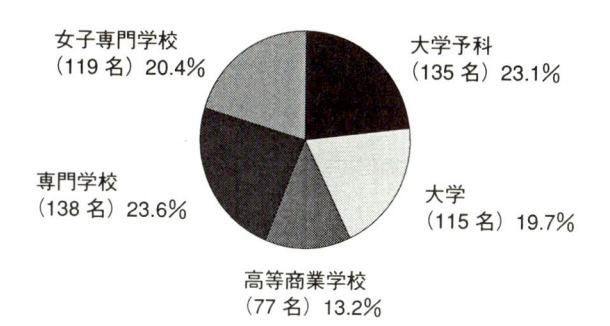

女子専門学校
（119名）20.4%

大学予科
（135名）23.1%

専門学校
（138名）23.6%

大学
（115名）19.7%

高等商業学校
（77名）13.2%

　同志社女学校（女子専門学校）の留学生は、男子の中学や専門学校に比べて10年遅れて始まり、1932年〜1940年にかけて本格化し、そのピークは1933年で、これは同志社全体の留学生とほぼ同じ傾向である。また同志社女子専門学校の20.4%（119名）というのは、当時実質的に女子教育の最高学府であったことから考えると、その比率は予想以上に高かったことがわかるのである。

　ただ、同志社女子専門学校は、同志社内部（高等女学部）から上がってくるものが少なく、また朝鮮や台湾の特定の学校との関係もそう顕著ではなく、共愛女学校（高等女学部）のような系列的な関係を見いだすことができない。また同志社高等女学部について見ると、中国と台湾留学生の比率が女子専門学校に比較して高いこと、入学前学歴で見ると台湾の場合には長老教女学校からの転学が目立つことと、日本の学校の出身者が意外に多いことなどが目立った傾向ということができるだろう。初等教育を現地で終えてから高等教育を内地（日本）で受けるというのが一般的な傾向であることからすれば、同志社高等女学部の留学生が21年間に47名いたというの

は意外に多いのではというのが感想である。

一方、大学関係の台湾留学生を中心に考えて見ると次のことが指摘できるだろう。1つは同志社中学からの進学率が高いこと、2つは神学科等への入学が朝鮮よりも格段に少ないこと、3つは高等商業学校への入学者が多いことである。同志社中学の台湾留学生においては、長老教中学と淡水中学という2つの中学からの組織的編入学と見られる現象が特に注目される。

台湾の学生が日本に留学する際に、最初の上陸拠点（経由地）の一つとして選んだのが同志社であったことは疑いがない。だとすると多くの日本の学校のなかでなぜ同志社が選ばれたかが、次の問題となるだろう。同志社・長老教中学・淡水中学3校の共通項はキリスト教であるが、その影響は学校間やキリスト教による協定といった直接的なものではない。幾人かの台湾の同志社卒業生にその理由をたずねたが、異口同音に先輩の存在と教師の助言という二つの要素があがってきた。先輩と教師という角度から、同志社と台湾の文化教育関係をさぐっていく必要がありそうである。

同志社とキリスト教の交流という視点から見ると、大学神学科において、その影響は比較的少なく、台湾留学生よりも朝鮮留学生の比率が高いという結果が出たが、女子専門学校においてはどうだろうか。

宮澤正典は「同志社女学校と朝鮮」（上掲）で、女子専門学校における朝鮮留学生の実態を詳しく論じているが、そこで、「内地でも女子が専門学校に進学するのはきわめて限られていた時代、留学生は一般に裕福でありかつ熱心なクリスチャンが多かった。寮生活そのものがキリスト教的色彩が濃かった。」（p.161）と

してキリスト教との関係の深さを指摘して、「淵沢能恵と淑明女学校」の章においては、同志社と朝鮮のキリスト教系学校との関係を論じ、また金玉羅、李仁春、金末峰、高鳳京といった朝鮮のクリスチャン留学生について追跡調査を行っている。このように、女子専門学校とキリスト教の関係が極めて濃密であった状況が浮き彫りになっている。これに反して、同志社中学の場合には、台湾から大量に留学生を送り込んできた長老教中学と淡水中学がキリスト教学校ではあったが、キリスト教との直接的な関係を見いだすことができない。しかし同志社教会の会員名簿を見ると、106名の留学生入信者のうち、73名（台湾47名，朝鮮15名、中国4名、不明7名）が中学生で、キリスト教の交流という観点で見ると、同志社中学の重要性がきわだっており、そこから多くの留学生が入学後の授業や日常生活でキリスト教の影響と薫陶を受けながら入信した経過がうかがわれるのである。

第3章　長老教・淡水中学と同志社卒業生

　前章までで、戦前の同志社中学に編入学した大量の台湾留学生の源流が、台南の長老教中学と台北の淡水中学であったことを学籍簿の調査によって明らかにし、その際に宗教的直接的な関係というよりも、先輩や先生の助言という間接的影響の可能性を指摘した。その中核的人物として林茂生と陳清忠という二人の存在を抜きにすることはできない。彼らはともに台湾における教育文化の普及において傑出した人物であり、彼らの母校であり教員を勤めた長老教中学と淡水中学は、ともに台湾における最長の歴史的伝統を持つキリスト教（長老教）系姉妹校であり、台湾近代教育のさきがけとして独自の地歩を占めてきた。以下、この二人の人物と二つの中学の具体的な教育活動を通して、戦前の台湾と同志社の文化教育関係を浮き彫りにしていきたい。

1. 長老教中学と林茂生

　長老教中学は、1885年にイギリス長老教会から派遣されたイード（George Ede）を校長として正式に発足してから、現在の長栄高級中学に至るまで115年を超える歴史を有する学校であるが、林茂生はその長老教中学から同志社普通学校に編入し、その後京都第3高等学校、東京帝国大学を経て、母校の長老教中学の歴史・英語担当教員となり、教頭（教務主任）や理事長として学校運営と改革に努力を傾注した。『島国顕影』が「林茂生（1887

〜1947）は台湾初めての文学士、哲学博士。台湾人として人文科学に貢献した初めての人。彼は"台湾初めての医学博士"杜聡明と一北一南、輝き映えあって、"北に杜聡明、南に林茂生"の誉れがある。彼は戦後北上し、ついに"保身"できず、不幸にも"二二八"事件の難に殉じた。」と紹介しているように、数奇の運命をたどった台湾を代表する知識人のひとりである。（写真6）

写真6　林茂生

(1) 林茂生の教育生涯
父・林燕臣

　林茂生と長老教中学の関係は、長老教中学教員であった父親・林燕臣（1859〜1944）の存在と切り離すことができない。林燕臣は清朝時代の秀才で、台湾基督長老教会の長老でもあった。幼年時代より漢学の薫陶を受けていたため、イギリス宣教師の家庭教師（漢文と台湾語）となり、やがてバークレー牧師（Thomas Barclay）によって受洗しキリスト信者となってから宣教活動や神学教育の道に進み、台南長老教中学の教務長、太平境教会長老、高雄州

写真7　林燕臣

第3章　長老教・淡水中学と同志社卒業生　49

東港教会牧師、基督長老教会台湾大会議員などを歴任し、1925年には台南神学院教授として招聘され10年間勤めた。このうち長老教中学の経歴で注目したいのは、台湾人としては最初の教師として1891年から17年間にわたり漢文を担当し、また舎監を兼任したことである。ちなみに1908年の資料では、首席教師として位置づけられ、台湾人教師として最高の待遇（月給14円）を受けていたことがわかる。彼には3人の男児がいたが、長男は林茂生で父のあとを継ぎ、次男の安生は著名な医師として花蓮で開業医となり、三男の永生は台南で商業に従事した。(写真7)

同志社中学への留学

　林茂生は別号「耕南」といい、1887年10月29日、台南基督長老教会長老林燕臣家の長男として生をうけた。ある年、日本の曹洞宗の和尚が台南にやってきたおり、彼に日本語を習ったが、態度がよかったので、ある日本人郵便局長に気に入られ、郵便局の給仕として働いたこともあったという。

　1904年ころから、父親が教師をする長老教中学に学んだが、全科目ほとんど満点という優れた成績で、校長のジョンソン（Frederick Johnson）は彼を助手として地理と算術を担当させた。彼が生徒の身分で助手となったので、生徒たちは彼を「半分先生」とからかった。学校はこの「半分先生」に対して特別待遇を与えたが、3食とも白米の飯とおかず一皿がつき、他の生徒にうらやましがられたという。その頃、イギリスの女性との交換授業を通して英語を学んだし、英国の宣教師からピアノとオルガンを学んでもいる。1907年、林茂生は優秀な成績で長老教中学を卒業すると、長老教教会は彼を日本内地へ留学させることになっ

た。そして1908年9月に同志社普通学校（中学）4年次に編入し、1910年3月に卒業後、しばらく同志社専門学校文科に在学したが、その1年後に京都第3高等学校の文科に入学した。第3高等学校在学中、あるイギリスの教授が彼の英語水準が高いのを見て、執筆中の著作を清書するアルバイトをさせたという。第3高等学校を卒業後、林茂生は東京帝国大学で中国哲学（陽明学）を専攻し、1916年には卒業して台湾人で最初の文学士となった。その後1927年になって、林茂生は台湾総督府の派遣でアメリカに官費留学し、まずコロンビア大学（Teacher's College）で哲学者デューイ教授らに師事し、コロンビア大学MA学位（1928年）、コロンビア大学博士学位（1929年）を取得し、台湾で最初の哲学博士となった。博士論文のテーマは「Public Education in Formosa under the Japanese Administration」で、オランダが台湾を占拠してから1920年代の日本統治時期にいたる教育理念と制度の発展過程を分析し、近代民主主義の教育理念に照らして、日本占領期における同化教育の問題を批判的に検討したものである。ちなみにこの博士論文の中訳本『日本統治下台湾的学校教育—其発展及有関文化之歴史分析与探討』が2000年12月に刊行されている。

　話はもどるが、林茂生は東京帝国大学を卒業後の1916年9月には、長老教中学バンド（Edward Band）校長の招きで、母校の教頭に就任して英語を担当したし、30年代には長老教中学の理事長として積極的に活動した。1918年からは台南師範学校、府立台南商業専門学校の教授も兼任し、英語科目を担当した。戦後の1945年11月20日、長老教北部大会常任委員会の決定によって淡水中学と淡水高等女学校の理事長及び代理校長となり、日本

人校長有坂一世から校務の引き継ぎをおこなった。

文化方面における活動

　林茂生は、経歴から伺えるようなガリ勉型優等生ではなくて、社会的活動にも早くから参加している。東京帝国大学在学時代の1915年、林献堂と蔡恵如が台湾青年に呼びかけ民族運動を展開した「高砂青年会」(のちの「東京台湾青年会」)の会長に選ばれている。また1921年10月には、台湾社会運動の母体となった「台湾文化協会」が結成されたが、林茂生は評議員として参加した。

　台湾文化協会は、20年代の台湾において、①会報の発行、②読書室の設置、③講習会の開催、④夏季学校の開催、⑤文化後援会の組織、⑥戯劇の上演、⑦映画の上映などさまざまな文化活動を展開したが、林茂生は基督教青年会の名義を借りて、西洋歴史講習会などを行った。しかし林茂生の行動に対して、李筱峰『林茂生・陳炘和他們的時代』は抗日運動の消極分子として批判されることになった状況を次のように紹介している。

　　呉濁流は、林茂生が日拠時期において抗日に積極的ではなく、温和な初期文化協会の啓蒙文化運動でさえも、それほど熱心ではなかった、と述べた。……呉濁流は、林茂生が抗日に消極的であった原因について、……林茂生は日本当局に喜ばれ誉められ、教職の世界で自分の願いを遂げられることだけを考えていたので、当然総督府の怒りに触れることをひどくおそれ、文化協会の抗日活動に力を尽くすことを避けたのだ。……このような穏健で、一見優柔不断な態度は、日本植民地下で教育活動を進める際にたえず現れ(例えば神社参拝や私学の弾圧な

ど)、現実的な対応が効果を表したが、同時にその従属性を批判される原因ともなったのである。(p.107)

林茂生が戦時中、理事長・教授・校長といった公的な役職に就きながら、台湾総督府の皇民化教育の強制の中で、面従腹背をたえず迫られたために、その評価は単純にはいかないかもしれない。だが、林茂生がキリスト教精神を支えにして、台湾人の魂を守るためにぎりぎりのところで努力をしていたことは疑いがない。

二・二八事件の犠牲者として

戦後の林茂生は、学者、政治家、ジャーナリストの3つの分野で活躍した。1945年8月の日本敗戦にともない、林茂生は接収委員（校務委員）として台湾大学の接収工作に参加すると、まもなく台湾大学文学院教授として東洋哲学の授業を担当した。またこの時期、台湾省政府教育処が組織した教員審査委員会委員（12名）の一人に選ばれている。

次に政治的活動としては国民参政会委員の選挙があげられる。すでに任期切れとなっていた国民参政会委員について、中国政府は1946年7月13日に台湾省の枠8名について選挙を行った。立候補したのは40人前後で、林茂生もそのなかにいた。8月15日、政見発表を行い、翌日の投票において、12票の同数を獲得したのが、林茂生のほか、杜聰明、陳逸松、呉鴻森、楊肇嘉の5名であった。抽選の結果林茂生のほか3名が当選したが、林茂生は突然国民参政員の職を辞退して政治的場面から退場してしまった。

ジャーナリズムの分野では、林茂生は1945年10月に創刊された『民報』の社長として政治腐敗などを筆鋒するどく追求する。

『民報』はかつての日本占領期に刊行されていた『興南新聞』関係者——許乃昌（編集長）、陳旺成（総主筆）ら台湾人のメンバーを中核としていた。このほか林茂生は「台湾省新聞記者公会」の理事にも当選したが、実は理事のうちの4名が『民報』の関係者であったことから、当時のジャーナリズムにおける『民報』の地位の高さを見ることができる。

ところが、二・二八事件勃発直後の1947年3月1日、親戚友人と学生達がそろって林茂生の還暦祝いを準備していると、6・7名の官憲が林茂生の自宅を訪れ、"校長に用事が出来ました"と一言述べて連れ去ったまま行方不明となってしまった。次男の林宗義「林茂生与二二八——他的処境与苦悶」はその経緯をつぎのように回想している。

　　父親が連れ去られて以後何があったのか、いまだになぞである。戒厳期間において、それぞれ安全に責任を負う政府部門は、父親やその他犠牲者の行方については一切の関与を否定した。デマの類は特に多く、父が何故死んだか、どのように死んだか、何処で死んだかあるいは特務に殺されたとかといったように。ほとんどのデマは取り上げるに値せず、私の弟の宗人は一つ一つ検証をしても、結局結論はでずじまいだった。半年ばかり必死の追究の後、母親と家族は父親が生きて帰ってくるという希望を放棄した。私の兄の宗正が1947年10月に、また祖母が1948年3月に相次いで世を去ったことも、我が家を一層暗くするできごとで、林家の悲劇の1頁はこれで一応の幕を引いたことになった。

3月13日陳儀が蒋介石に提出した二二八事件に関する報告のなかに、「辦理人犯姓名調査表」があり、そこに列挙された20名の「犯罪者」のなかに林茂生が入っているが、そこに例示されている罪名は3点である。

1. 反乱を企て、台湾大学学生の暴動を扇動した。
2. 台湾大学の強制的な接収。
3. アメリカ領事館と接触し、国際的な干渉を呼び込み台湾独立を妄想した。

長らく封印されてきた真相は現在も不明のままとなっているが、林茂生の名誉回復の動きが本格化したのは1987年以後のことである。

(2) 長老教中学の歴史
イギリス人校長の草創期

台湾に教会系中学を創設する動きは、1865年に台湾へやってきた宣教師マクスウェル（James Maxwell）から始まるが、長老教中学は英国教会から派遣されたイード（George Ede）のもとで、1885年9月21日に正式に発足した。創設当時の生徒数はわずか10名程度であったが、その後キャンベル（William Campbell）、バークレー（Thomas Barclay）とファーガソン（Durcan Fergason）の校長代理を

写真8　イード校長

経て、ジョンソン（Frederick Johnson）が8年にわたり第2代校

長を勤めるが、1912年に台湾に布教にやってきたバンド（Edward Band）は、その後28年間にわたり校長として長老教中学の基礎を固めた。生徒数は1923年に全校学生は200名余り（教職員は13名）であったが、1925年の創立40周年祝賀会の際には全生徒238名、さらに1932年には308名へと順調に発展をたどっていった。（写真8）

日本支配下における認可問題

　1920年代の長老教中学は、台湾人子弟のための中学として独自の地歩を確立するが、台湾総督府の圧力も次第に顕在化し、私立学校に対する統制を強化するために、「認可」のための条件として、①10万円以上の基金を用意すること。②校長は日本人とすること。③教員総数の半分以上は日本人とすること、など7項目の条件を満たすことを要求してきた。バンド校長は政府の「認可」を得るために、1924年から日本人教員の採用を増やす一方、募金活動も行ったが、林茂生は長老教中学の教頭（理事長を兼任）として、長老教中学の「後援会」を組織して奔走するなどその募金活動の中心となった。そして1926年には10万円の目標を期限を繰り上げて超過達成した。

　1930年代に入ると、台湾総督府は皇民化政策をますます徹底化させ、日本語の全面使用や台湾各地に造った神社（台南神社は北白川宮能久親王を祀った）参拝を強要してきた。長老教中学は宗教を守る立場から参拝を拒否しようとするが、日本人教頭であった上村一仁が神社参拝を画策したり、メディアの批判も強くなる中で、内部的に混乱状況が生まれ、1934年4月末に急遽台南にもどったバンド校長は、新たな理事会体制（上与二郎牧師を理

事長とする15名の理事)のもとで校長を日本人に換えることで事態の乗り切りを図った。1935年3月14日、日本基督教会大会から推薦を受けた加藤長太郎が新校長として就任したが、それから4年目の1939年6月21日に「認可」を獲得して「私立長栄中学校」と校名を改正するなど順調な発展を遂げ、1935年10月の長老教中学創立50周年には800名の学生を収容できる講堂を建築するなど設備の充実に力を注ぎ、1938年には生徒数507名、寄宿生300名、また教員は21名(日本人11名、台湾人8名、英国人2名)となった。さらに1940年には在学生徒数は600名を超えるほどであり、認可後の第1回卒業生中2名は第1高等学校に合格したほか、台南高等工業学校には第2回・第3回の卒業生が各2名、第4回では36名が合格するなど学力も飛躍的に向上していった。(写真9)

写真9　戦争中の教員達の寄せ書き

加藤長太郎校長

　加藤長太郎は1882年6月10日に東京に生まれ、東京府立第1中学校を卒業後、1900年に「海軍兵学校」に入り、卒業後に巡洋艦「高千穂」に乗務し日露戦争に参加したこともある軍人であったが、退役後はさらに東京高等師範学校で学んで数学教員免許状を取得し、かつて中国や朝鮮で10年間教育事業にたずさわっていた。

写真10　加藤長太郎

　一方彼は熱心なクリスチャンとしての経歴も持ち、かつて現役軍人であった1919年4月14日に、東京富士見町教会で植村正久牧師により受洗し信仰生活に入り、その後朝鮮の新義州や京城の日本基督教会でも長老の職を勤めていたが、1934年10月に日本基督教会大会から長老教中学校長に推薦する通知を受け取った。彼は宗教的特色を許さない排他的軍国主義の風潮のなかで、台湾当局とねばり強く交渉を進める一方、教職員や生徒に対しては、同情心に富む、穏やかな態度で接したために、校史でも彼の校長時代（1935年〜1945年）を「長中の黄金時代」として高い評価を与えている。（写真10）

長老教女子中学と植村環・番匠鉄雄

　ここで長老教中学の姉妹校であった長老教女子中学（現在の長栄女子高級中学）についても触れておく必要があるだろう。この学校は、1887年2月14日、スタート（Miss Joan Sturt）校長が生

徒18名で開校したが、1900年には60名にまで増加した。その後、台湾総督府が校長を日本人に換えるように圧力をかけてきたために、日本基督教会の推薦で植村環が1937年2月に就任した。植村環は1890年8月24日、植村正久牧師の三女として東京麹町に生まれたが、その後女子学院高等科卒業（1910年）、米国マサチューセッツ州のウェルズレー大学に留学（1915年）、スコットランドのニューカレッジ神学校およびエ

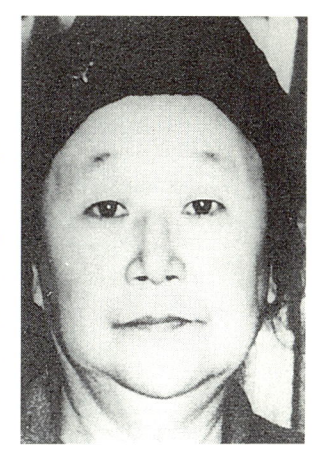

写真11　植村環

ディンバラ大学神学部に留学（1925年）するなど国際的教養を持ったキリスト者だが、1930年代はYWCA（日本YWCA会長・世界YWCA副会長）を舞台に活動していた。彼女の校長在任期間は9ヶ月と短かったが、学校の生徒と教職員の全員に、忘れがたい大きな印象を与えたという。（写真11）その後校長は番匠鉄雄（のちの北陸女学院長）に換わり、生徒数は1938年には285名へ、さらに1943年には650名にまで増加するなど安定した経営を確保することが出来た。

　番匠鉄雄校長（1897年〜1995年）は石川県に生まれ、1921年に東京神学校を卒業後、牧師として各地（鹿児島や奄美諸島）を伝道し、1938年に長老教女子中学校長として赴任する。敬虔なクリスチャンである番匠は厳しい時勢のなかで伝統と教育水準を守るために、学生教師とともに力を注いだが、認可問題に関しても井川直衛教務主任らとともに努力を傾注した結果、1939年に

は 4 年制の「長栄高等女学校」とし
て認可されたのである。戦後は「私
立長栄女子中学」と名称を変更し、
劉主安、劉青眼、陳来治、謝叔陽牧
師らが校長を歴任したが、学生数も
創立百周年の 1987 年時点で、2,100
人へと増加している。

その間、日本の北陸学院の校長と
なった番匠鉄雄は、帰国後何度も長
栄女子中学を訪れ、両校の関係は極
めて親密になり、1981 年には姉妹校
の提携を結び現在に至っている。(写
真 12)

写真 12　番匠鉄雄

ところで、長老教女子中学から 5 名（1925 年 2 名、1926 年 3
名）の生徒が同志社高等女学部に入学した事実があるが、「長栄
女子中学人数統計表」(『長女百年史』) によれば、長老教女子中
学の卒業生数は、第 1 回（1923 年）9 名、第 4 回（1926 年）16
名となっていて、初期は毎年一桁の人数だったから、当時の同志
社への入学比率は極めて高かったということができるかも知れな
い。

もうひとつ、高橋貞三「台南市の校友同窓」(『同志社タイムス』
NO.94) によると、「長栄中学校終身名誉校長の趙天慈さんが、長
栄女子中学教務主任の蕭仁慈さんとともに台南の案内に同道し
てくださった。蕭仁慈さんは、昭和 10 (1935) 年大学英文科
を卒業、目下長栄女子中学の教務主任で……」とあるから、長
老教女子中学と同志社の間にも意外に深い関係があった可能性

がある。(写真 13)

長栄高級中学の現在

　日本敗戦後の 1945 年 10 月に正常化された長栄中学には、600 名以上の生徒が戻ってきた。それと同時に加藤長太郎校長は、経営権の返還作業に入り、1946 年春に成立した新理事会の呉秋徴理事長は、同志社出身の趙天慈を第 5 代校長、劉主安を長栄女子中学校長に決定し、ここから戦後の長栄中学の新たな歩みが始まることとなった。

写真 13　長栄女子高級中学紅楼

　趙天慈校長は 1889 年 3 月 28 日に台南市の金胡蘆で生まれた。同志社学籍簿によると 1889 年 9 月 10 日生まれで、本籍は台湾台南市乙 224 となっている。14 才で長老教中学に入学し、さらに 1910 年 4 月に同志社普通学校へ編入して 1912 年 3 月に卒業している。その後台南神学院、日本の立正大学などで研鑽を積み 25 才で台南に帰り、母校の長老教中学の 5 名の台湾人教師の一人として、舎監や校舎建設の募金事務を担当するなど、教学の重要な位置にあった。そして 1945 年 9 月から 1951 年 7 月に至る戦後の混乱期には校長として活躍したが、1951 年 8 月、趙天慈校長は身体的理由 (政治的理由？) により辞職すると、理事会はこれまでの功績を称えて「終身名誉校長」の称号を与えた。1975 年 7 月 12 日に享年 86 才で死去した。(写真 14)

　長栄高級中学は第 5 代趙天慈校長のもとで戦後の発展の基礎が築かれ、新制度により高校部と中学部に分離されてから、戴明福

校長・蘇進安校長を経て、現在は蔡忠雄校長のもとで新たな発展に向かっている。

　長栄高級中学は課外体育活動がきわめて活発なことが特徴で、バンド校長の時代からサッカー、体操、クリケットなどが盛んであったが、現在はラグビー、野球、女子サッカーなどでも大活躍している。また国際交流の方面では、韓国・ドイツ・アメリカなどとの交流のほかに、1991年には日本の関東学院高校と姉妹校の提携を行っている。

写真 14　趙天慈

写真 15　長栄高級中学

学生数は淡江中学より多く、1985年100周年記念が行われた時点で、昼間部は、普通科（中学・高校部）と職業高校部（5科）で3,800名、定時制は普通科と職業科をあわせ2,400名を数えている。さらに1993年9月には大学管理学部（4学科）が開校して140名の学生が入学したし、翌94年には長栄幼稚園部も開設されるなど、蘇進安長栄学園園長のもとで、新たな展開を迎えている。（写真15）

2. 淡水中学と陳清忠

1914年3月9日にマカイ（偕叡廉）博士（George Leslie Mackay）を初代校長として「淡水中学校」が誕生した。これは台湾で最初の台湾人子弟を対象とする5年制の中学校であった。またそれに先立つ1907年に発足した「淡水女学院」は、淡水中学の姉妹校で台湾女子教育のさきがけであった。長老教中学がイギリス教会の影響下に生まれ、初期の校長がイギリス人であったのに対して、淡水の中学（と女学院）はカナダ教会の影響下にあり、マカイをはじめ校長はすべてカナダ人であった。日本支配が強まるにつれ、日本留学経験を持つ教師や日本人の校長が主導力を発揮するようになっていくが、なかでも同志社出身の陳清忠と日本人の有坂一世校長は重要な位置にあったと思われる。

(1) 陳清忠の教育生涯

陳清忠は1895年5月14日、台北県五股郷で生まれたが、長老教北部教会牧師であった父親の陳栄輝は彼が6才の時に亡くなり、その後は母の手によって養われることになる。最初は兄の陳

清義牧師について勉強するが、のち老松公学校に入り、1907年から1912年にかけて淡水牛津学堂(Oxford College)に学んだ。その後、卒業と同時に教士会から派遣されて、日本に留学することになり、同志社普通学校で学ぶ（1912年〜1916年）。卒業と同時に同志社大学の文学部英文学科に学んだ（1916年〜1920年）。その間、普通学校時代からラグビー部の部員として活躍し、大学3年級の時にはラグビー部の主将に選ばれチームを率い、負け知らずの戦いでその名を全国に馳せた。当時同志社は関西で最強のチームとなり、慶応義塾大学と覇を競った。(写真16)

写真16　陳清忠

同志社中学校長であった加藤延雄は、「わたしとラグビー」（『同志社ラグビー70年史』）のなかで、かつてラグビーを通した友人の思い出を記しているが、陳清忠についても次のように触れている。

　わたしは清忠と記憶しているが、同志社校友会名簿では清思となっている。台湾淡水中学から転校してきた人で、大正5(1916)年普通学校を、そして大正9(1920)年大学英文科を卒業した人である。毎朝のChapelの礼拝ではOrganistをつとめていた。Rugbyを好んでやっていた。ちょっと大脇順路君に

似たすばらしい Rugger であった。身体も大脇君と同じ位で、走って速く、kick も巧みであった。3／4 quarter backs として優秀であった。台湾に帰えり母校淡水中学の教師となったが、蒋介石の台湾進駐のときの混乱のうちに殺されたと仄聞したが、事実はどうであったろうか。

1920 年、陳清忠は同志社大学を卒業すると、帰国して謝香（19 才）と結婚し、のち 11 人の子宝に恵まれることになる。翌 1921 年に淡水中学に英語の教師として着任した陳清忠は、体育と音楽の課外活動に本領を発揮した。そして 1923 年には淡水中学に、台湾最初のラグビーチームを結成したが、その後このチームは鉄道チームや台北高等学校チーム、台北高商チームなどの社会人・学生チームと対戦し、向かうところ敵なし、連戦連勝の勢いであったという。そして 1946 年に、台湾スポーツ大会でラグビーが正式種目に採用されると、まもなく陳清忠は台湾で最初のスポーツ団体である「台湾ラグビー協会」を組織し、それによって陳清忠は「ラグビーの父」と称されたのである。その後「台湾ラグビー協会」は、1968 年に「清忠杯」を設けたが、これは台湾で最も歴史のある、最も大規模なスポーツ大会として現在に至っている。近年台湾ではラグビーの父・陳清忠の再評価の動きがあり、取材班が来日したことが、「台湾ラグビーの父　母国に紹介したい」との標題で『京都新聞』（2002 年 1 月 23 日）に紹介されている。

台湾取材班京都へ
　大正時代に草創期の同志社大ラグビー部で活躍、台湾に初めてラグビーを紹介した陳清忠さん（1895 〜 1960）の足跡を調

べるため、遺族や関係者が22日、京都市上京区の同大今出川キャンパスを訪れた。関係者は陳さんの生涯を「台湾ラグビー創始者陳清忠先生の功績を追う」とのビデオにまとめて紹介したいという。……

今回の訪日は、同中学OB会などが、その功績を紹介するために計画。淡江高級中学ラグビー部の陳松太OB会長（58）ら8人が同大を訪れ、台湾からの留学生について研究している阪口直樹教授やラグビー部元監督の岡仁詩さんらと懇談した。

出席者は三男の陳尊道さん（67）が持参したジャージ姿の清忠さんの写真などを見ながら当時をしのび、話が弾んだ。この後、一行は学内の資料室などを見学、当時のラグビー部が練習に使っていた同志社中グラウンドなどをビデオに収めた。

尊道さんは「父が同志社で受けた教育を少年たちに伝え、双方の交流が深まるようにしたい」と語っていた。

一方、彼はクリスチャンの家庭に育ったこともあり、幼い頃から讃美歌を好み、淡水中学時代には音楽教師メリス夫人（Magaret Mellis）から西洋音楽の手ほどきを受けた。また日本留学中にも、教会での礼拝の際にはいつも彼がオルガンの演奏や賛美歌合唱のリーダーを受け持ち、同志社大学のグリークラブにも参加し、海外へ演奏旅行を行ったという。そして1921年に台湾最初の男声合唱団を淡水中学に結成し、賛美歌や古典歌曲を主として、台湾各地に演奏旅行を行い、それで「台湾合唱の父」とも称された。また1926年、彼はこの「淡水中学合唱団」（School Glee Club）を率いて、日本や韓国に演奏旅行を行い高い評価を得た。

台湾語讃美歌の編集

ここで陳清忠と讃美歌編集の関係について触れておきたい。台湾で元々使用されていた『養心神詩』は台湾語でなく、五線譜も付いていず、不便をきたしていたため、台湾キリスト教会は「聖詩委員会」を組織し、陳清忠らが担任することになった。その後彼は1936年に、ガリ版刷りの台湾語版讃美歌集を完成させたのである。(写真17)

```
                    TŌA.SĪA 大社
                       7.                    Pi²Po Tiāu.
```

1. Chin Chú Siōng-tè chō thiⁿ tōe,
    Oē kng oē àm bô lâng oē.
   Mî tńg chòe jit, jit tńg mî,
    Siⁿ chiaⁿ bān mih kong-lô îⁿ

2. Siōng-tè chú-sim tiȯh kèng-hȯk,
    Pó-pì chèng lâng sū hok-lȯk,
   Chiah chhēng kap êng lóng thò-tòng,
    Bān mih chiàu-pī I chhin chhōng.

3. Kok-iūⁿ phóⁿ-sat chóng bô chin,
    M̄ tat Siōng-tè si chi-sîn;
   Sè-kan ké pút lâng só khek,
    Tiȯh chai hok-sāi chin bô ek.

写真17 陳清忠ガリ版印刷

このほか、陳清忠は淡水中学女子部(のち純徳女子中学に名称変更)校長在任中、純徳女子バスケットボール部を育成したり、純徳女子中学合唱団を結成して台湾北部で名声を馳せることになる。しかし1951年2月に病気を得たために(家族の話では、政治的圧迫があったという)校長を辞職し、1960年4月6日喘息

のために死去した。享年66才であった。

(2) 淡水中学の歴史
カナダ人校長の草創期

　1872年台湾の淡水に来たカナダ藉の宣教師マカイ博士は、最初は医療と布教に専念していたが、のち自宅や街路樹の下で生徒を集めて授業をするようになり、1882年にはカナダからの寄付金をもとに「牛津学堂」を設立したが、これは台湾で初めての新式学校であった。1883年になると「牛津学堂」の東隣地に「女学堂」を作り、20数名の女子生徒を集めたが、これは台湾における女子教育のさきがけとなった。その後女学堂を

写真18　マカイ博士

基礎として1907年には、校長ミス・キンネイ（Miss Jane Kinney）のもとに「淡水女学堂」が発足した。

　他方淡水中学は、1902年に北部宣教師会がその設置を決定していたが、条件整備のために遅れ、1914年3月9日、台湾総督府の許可を得て、マカイを初代校長として「淡水中学校」が誕生した。その後長老教会から派遣され、同志社大学に留学した陳清忠が、1921年に母校で英語担任の教師となってから、台湾人の教員も次第に充実していった。そして1922年6月に「私立学校規則」の公布によって、同年10月末に正式に学校設置が批准され「私立淡水中学」として改称発足した。その後30年代末にい

たるまで政府の条件が厳しくて「認可」されなかったため、学生たちは大学や専門学校への受験ができない状態が続き、2,3年次には大多数が転校し、卒業者は1割弱しか卒業しないという状況が続くことになる。(写真18)

有坂一世校長の時代

淡水中学（と淡水女学院）は、その後政府の認可を得られないまま厳しい経営が続くが、特に30年代に入ると、皇民化教育への圧力が高まるなかで、マスコミを動員した世論の圧力が学校にかかってくる。1936年の新聞には「淡水中学の教育方針、旧態依然たるを暴露、驚くべき国体観念の欠如　国史担任の鈴木教諭慨嘆して去る」（『台湾日日新報』）の記事が掲載され、日本人教師3名が6日に辞表を提出するなど学内が騒然となってくる。

1935年8月に、北部宣教師会は、時局の要求に対応するため、マカイ校長の職務を解いて、日本語に精通したマクミラン（明有徳）牧師を校長に任命し、日本の退役少尉を一人教師に招いて、校内で学生に教練をさせるなど、なんとかして同校を維持しようと努めた。しかし今川淵知事は学校の経営権を州に移譲するように迫り、台北州教育課長の立川義男（広島高等師範学校出身）を派遣して校長事務取扱に就任させてしまう。その後経営権を失った淡水中学は、厳しい制約のなかで打開策をさぐっていくが、それが具体化したのは、

写真19　有坂一世

1937年1月6日の有坂一世の校長就任であり、彼は1945年11月までの戦時期のほとんどを淡水で暮らすことになる。

有坂一世は1890年5月23日生まれの秋田出身で、のち青山学院高等学部英語師範科を卒業後、一時期会社に就職するが、依願退職して樺太中学教諭として教育界に入る。その後、酒田、糸魚川の中学校教諭を歴任して、1929年12月に台南第1中学校の英語教員兼教務主任（のちに教頭になる）となった。そのときに知り合った台北州知事の今川淵の関係で淡水中学・高等女学校に赴任することになるが、就任後は多くの人の期待に応えて、経費の増額、教室の改善、教育設備の充実等を台北州教育課および台湾総督府文教局に要求し、さらに教員を日本本土から10数名迎えるなど大胆な改革を行い、その結果1938年4月には淡水中学・高等女学校の「認可」を勝ち取ることができた。有坂一世校長は就任直後、台南第1中学に在籍していた2人の子供を淡水中学に編入させたが、これもその後8年間にわたる在任期間、生徒からの信頼を勝ち得た大きな理由となったことは疑いがない。（写真19）

二・二八事件と淡水中学

日本投降後、台湾長老教会はただちに理事会を結成し、林茂生を理事長として選出し淡水中学の接収工作が開始される。そして淡水中学、淡水高等女学校と宮前女子中学校を淡水中学校、淡水女子中学及び中山女子中学と改称し（1947年4月に3校は淡江中学校男子部、女子部として合併し、さらに1948年7月に女子部は、「純徳女子中学」として独立改称した）、林茂生を3校の校長として選任し、陳能通と陳清忠を淡水男女両校の教務主任とし

たのである。このうち林茂生と陳清忠の2人が同志社卒業生であることはすでに紹介したが、陳能通も実は同志社に関係している。

陳能通は陳旺牧師の長男として1899年11月10日に汐止に生まれる。公学校を卒業後淡水中学に進み、そこから1920年4月10日に同志社中学に編入学するが、翌21年10月4日に退学し、同時に熊本第5高等学校に入学した。同校を卒業してからは京都帝国大学物理学部物理科に入学し、そこを卒業後台湾にもどり淡水中学の教師となり物理を担当した。その後の1937年には再度日本に渡り、東京神学大学で研修を重ね、卒業して台南の長栄中学の教師として赴任し物理を担当する。そして1942年には台北神学校（現台湾神学院）校長となり、宮前女子中学教務主任を兼任している。戦後は淡江中学男子部の教務主任となり、続いて1946年5月から1947年の3月までは校長として、校内の教務、訓導、総務などの各分野での職務に当たるが、1947年3月に行方不明となってしまう。(写真20)

写真20　陳能通

さて、戦後台湾の不安定な社会状況にもかかわらず、林茂生校長の努力で学校の経営は次第に好転し、1946年5月には陳清忠と陳能通の二人の教務主任は校長に昇格したが、まもなく淡江中学は二・二八事件の激しい渦に巻き込まれてしまうことになる。1947年2月に起こったこの暴動事件は、またたくまに全国各地に広がり、3月10日には淡水の市街に軍隊が入ってきた。その

第3章　長老教・淡水中学と同志社卒業生

日、淡水中学生の郭暁鐘が町で買い物をして騒ぎに巻き込まれ、軍隊に射殺されてしまった。陳能通校長は手を尽くし、死体を学校に収容してから家族に知らせたが、翌日早朝には武装軍隊が学園を包囲し、陳能通校長を捕らえ連行した。その際に、理科担当教員の廬園が軍隊と口論しその場で射殺された。その後陳能通と黄阿統(体育教師)は沙崙まで護送され行方不明となるが、陳能通はその後基隆で射殺され海中に投げ込まれたという噂も広がった。

　淡水中学と淡水女子中学はこの年、4月になってやっと平静を回復し、経営母体の北部教会は台北市長の游彌堅に3校の理事長と校長への就任を依頼し、人心の安定を図った。そして、淡水の2校を合併させ、淡江中学男子部、淡江中学女子部と改称した(のち中山女子中学も淡江中学女子部に合併した)。

淡江高級中学の現在

　淡水中学と淡水女学院は、幾度かの合併や名称変更(中山女子中学・純徳女子中学など)を経過して、1956年10月には正式に「私立淡江中学」として発足し、その後は現在まで順調に発展してきているが、戦後初期の校長に同志社出身者が多かったことは注目されるかもしれない。

　先に見た林茂生は1945年11月から1946年5月までの半年間を校長(理事長兼務)として過ごしているが、そのほか陳清忠は女子部教務主任(校長)・純徳女子学院の校長として、1946年5月から1952年2月までの6年間にわたり、また陳能通は1945年11月から1947年3月までを男子部校長(一部中学部の教務主任)としてその任務を遂行した。

また柯設偕はマカイ博士の外孫という意味でも注目される。彼は1900年2月8日台北生まれで、淡水公学校を1913年に卒業後、大稲埕公学校実業科で農業、電信及び鉄道などの実用技術を学んだ。1914年に淡水中学が創設されると柯設偕は第1期生として入学し、1919年3月に卒業すると、日本に渡り同志社中学の4年生に編入した。課外活動として、オルガンとラグビーなど文武両道をこなした。1921年にはさらに同志社大学予科から同志社大学法学部に学び卒業した後、1924年には台湾に帰り、母校の淡水中学に赴任した。1925年に台北帝国大学が設立されると、初めての台湾人として入学を果たし、教師生活を続けながら1931年に大学の第1期生として卒業する。その後淡水中学（淡水女学校）が日本人の手に渡ると、1938年に淡水中学を辞職し、台北鉄道部観光系に就職する。そして興南新聞社編集部を経て、1942年に再び淡水中学に戻る。彼は退職するまで実に40年の歳月を淡水中学（淡江高級中学）に捧げたことになり、その間教務主任及び代理校長（男子部校長を1947年3月～1948年2月）を勤めている。1966年に「私立淡水工商管理専科学校」（現在の真理大学）の設立発起人となり教授として勤め、その後1977年に退職後は、名誉教授としてアメリカに向かい、1990年11月20日に死去した。享年91才であった。（写真21）

写真21　柯設偕

　もうひとり、王守勇も忘れるべきではない。彼は台湾台中県出身で、淡江中学を1922年卒業後、同志社中学に編入し、その後同志社大学神学科を卒業している。『同志社教会員歴史名簿』による

と、1926年6月13日、大学神学部1年生の時に同志社教会に転入している。生年は1900年で、受洗者は劉忠堅、1924年より石左教会牧師職、1929年大学神学部卒とある。(写真22) 彼は同志社大学神学科を卒業後、淡水中学の教員となったが、1948年2月から1949年7月まで、さらに1950年7月から同年8月まで、1951年8月から1954年8月までといくどかにわたって淡江中学男子部の校長を務めている。

このように、淡江中学の歴史を見てみると、初期はカナダ人の校長が、そして日本占領期には日本人の校長がその職責を尽くしたが、戦後に台湾人が校長になる際には、同志社卒業生が非常に大きな役割を果たしていたことがわかるのである。

淡江高級中学はその後、陳泗治、蔡信義、謝禧得校長を経て、現在は姚聡栄校長のもとで、高校部と中学部、男生部と女生部からなる、約1,500人の生徒を有し、関連学校として、純徳幼稚園、真理大学（旧淡水工商管理学院）、台湾神学院を擁する台湾北部で有数の学園となっている。(写真23)

写真22 王守勇校長（右）と偕叡廉

写真 23　淡江高級中学

　淡江高級中学は全人教育を特徴としており、特に芸術と体育方面で優れた成果をあげている。例えば、かつて美術班と音楽班の生徒を募集して台湾の魁となった関係で、ブラスバンド部は戦前から有名だし、現在は台湾随一といわれる合唱団とハンドベル団が活躍している。また写生を主とした美術教育も特色を持っている。体育方面では伝統を持つ淡水中学ラグビー部が健在であるし、登山・水泳・女子バスケットボールなども盛んである。国際交流では、日本の茗溪学園高校との相互訪問が1987年から行われているほか、同志社とは、同志社香里高校ラグビー部が1988年に、「第6回環太平洋ジュニア・ラグビー・フットボールトーナメント」に日本代表として訪台したことをきっかけに、10数年にわたる交流が行われている。

3. 台湾の両中学と同志社中学

 ここで長老教中学と淡水中学から同志社の関係をみればどうなるだろうか、台湾側の資料を使いながら、いくつかの角度から分析を試みてみよう。

淡水中学に見る修業生の実態

 同志社中学への編入学者が多かったのは、台湾の私立中学における修業生（中途退学）問題を抜きにして語ることができない。つまり、台湾の私立中学が未認可で、卒業生が内地の上級学校への受験資格を持たなかったために中途退学し、「認定」（認可）中学へ編入学せざるを得なかった。そこで、両中学の卒業生と修業生の比率を調べる必要があるのだが、長老教中学には適当な資料がなかったので、淡水中学の場合（『桃李争栄─私立淡江高級中学校友名冊』を利用）を例にとって見てみることにする。別掲グラフを参照していただくと、次のことがわかってくる。ひとつは、生徒規模の増加にもかかわらず、卒業者数は一桁で推移することが多く、増加のほとんどを修業生にたよっていることである。極端なケースだが1934年の場合では、卒業者は全体の6.6％（8／122）にすぎないことになり、4〜5年次のクラスではほとんど在籍者がいないという異常な状況にあったことがわかる。1919年〜1938年をとると、平均して8.8％の修業生が同志社中学に編入したことになる（104名／1188名）。また比率の最も高かった1927年では、42.3％（11／26）もの生徒が同志社中学へ編入学したことになる。残りの9割の修業生が同志社中学以外の中学に系統的に送り込まれていたかどうかは更に追跡調査が必要

だが、少なくとも同志社中学が修業生受け入れのルートのひとつを形成していたことは事実である。そしてこの傾向は長老教中学でも変わらなかった（その原因は台湾当局の教育政策にあったから）と推測することが充分に可能である。(図12)

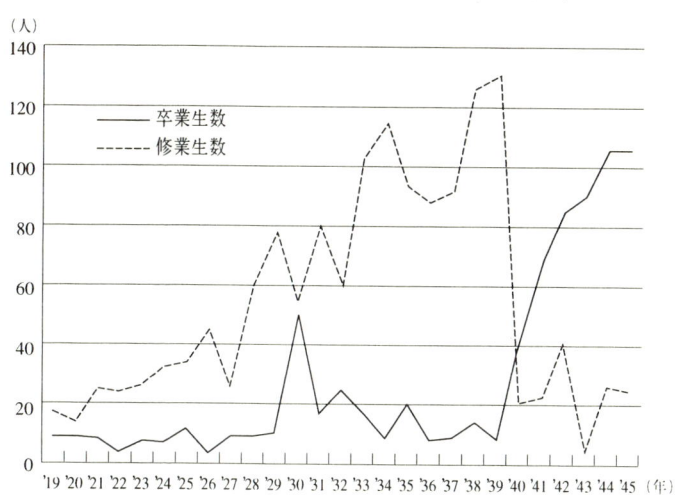

図12　淡水中学における卒業生と修業生の比率

さらに、この図表からもうひとつ重要な事実を抽出することができる。それは、卒業生と修業生の比率が1940年を境に逆転していることで、ここでの修業生の減少は、同志社中学への編入学の減少と関係があるのだろうか。

ここに実は、台湾留学生が抱えた特殊な条件が関わっているのである。それは中学の「認定」問題の存在である。もともと台湾の公立中学は日本人子弟を主として受け入れ、そのために比較的

裕福な台湾人子弟の多くは私立中学に進学せざるを得なくなったが、厳しい認可条件をクリアできなかった私立中学の卒業生は、卒業後に上級学校への資格を得ることができなかった。それで上級学校進学希望者は、2年次あるいは3年次の時点で、内地の中学などに編入する必要に迫られたのである。だが、1938年に台湾総督府が教育法令を改正し、両中学を「認定」したことにより、他の中学に編入学する必要性を失ったことになる。1940年時点で卒業生と修業生の比率が逆転しているのはそのためであるし、同志社中学への編入生が2年後の1940年以後にはゼロになっていることも、この「認定」問題が直接的原因であったことがわかる。要するに淡水中学の卒業生名簿に見える大量の修業生の存在は、いわゆる落ちこぼれの中途退学ではなくて、上級学校への進学希望者の一群であったことは確かである。

長老教中学にみる進路追跡調査

　台湾から同志社中学にやってきた多くの留学生が、卒業後にどう進路を選択したのだろうか、その実態を正確に把握することはできないが、幸い長老教中学の『私立長栄中学校友芳名録』には、卒業生の出身学校や帰台後の職業などが、分かる範囲で記載されている。私が作成した同志社中学の台湾留学生リストとつきあわせてみると、かなりの数の留学生の学業ルートを不完全ながら再構成することができる。以下、追跡調査の結果得た41の事例を示してみる。

　(1) 張基全（1897.4.10生）：長老教中学入学（1911）――同志社中学退学（1916.4～1919.3）――九州帝国大学卒

業

(2) 林安生（1899.9.4 生）：長老教中学入学（1912）――同志社中学卒業（1918.4 〜 1921.3）――名古屋医大卒業――医師

(3) 荘加善（1901.5.5 生）：長老教中学入学（1914）――桃山中学（不明）――同志社大学法学部入学（1922.4）――愛知医大卒業――医師

(4) 高天成（1904.12.12 生）：長老教中学入学（1915）――同志社中学卒業（1917.4 〜 1921.3）――東京帝国大学卒業（医学博士）――医師

(5) 陳嘉音（1904.3.27 生）：長老教中学入学（1917）――同志社中学退学（1921.9 〜 1922.11）――名古屋医大（医学博士）卒業――省立台北病院長

(6) 呉進益（1903.11.19 生）：長老教中学入学（1918）――同志社中学退学（1921.9 〜 1922.4）――名古屋大学卒業――医師

(7) 黄進元（1903.2.22 生）：長老教中学入学（1918）――同志社中学退学（1922.9 〜 1923.3）――同志社大学法学部入学（1924.4）

(8) 周約典（1904.6.18 生）：長老教中学入学（1919）――同志社中学退学（1921.4 〜 1923.3）――日本歯科医専卒業――歯科医

(9) 洪大中（1902.9.24 生）：長老教中学入学（1919）――同志社中学退学（1923.4 〜 1924.4）――東京医専卒業――医師

(10) 趙栄譲（1906.9.29 生）：長老教中学入学（1920）――同志

社中学退学（1923.4 〜 1924.4）――明治薬専卒業――薬剤師

(11) 廬茂川（1908.4.5 生）：長老教中学入学（1920）――同志社中学卒業（1923.9 〜 1926.3）――千葉医大薬学卒業――貿易業

(12) 許着信（1907.2.8 生）：長老教中学入学（1921）――京都中学校（時期不明）――同志社中学卒業（1924.4 〜 1926.3）――大阪歯専卒業――篤信歯科医院

(13) 黄演淮（1906.3.15 生）：長老教中学入学（1921）――同志社中学卒業（1925.9 〜 1927.3）――同志社大学（時期不明）――台中市立家事職業学校長

(14) 沈水雲（1910.1.6 生）：長老教中学入学（1923）――同志社中学卒業（1925.4 〜 1928.3）――長崎医大卒業――医師

(15) 張林叔昌（1907.5.22 生）：長老教中学入学（1923）――同志社中学卒業（1925.4 〜 1928.3）――桐生高工卒業（時期不明）――鉄工廠経営

(16) 呉新居（1910.6.4 生）：長老教中学入学（1924）――青山学院中学部（時期不明）――同志社大学法学部予科1部（1930.4）

(17) 林金殿（1910.4.26 生）：長老教中学入学（1924）――同志社中学入学（時期不明）――同志社高等商業学校入学（1930.4）――九州帝国大学卒業――台北市府秘書

(18) 林敬章（1909.12.17 生）：長老教中学入学（1924）――同志社中学退学（1928.4 〜 1929.5）――日本大学芸術

科卒業——中英製紙総経理
(19) 陳坤源（1910.11.5 生）：長老教中学入学（1924）——同志社中学卒業（1927.4 〜 1929.3）——日本大学医学部卒業——医師
(20) 黄演馨（1910.6.25 生）：長老教中学入学（1924）——同志社中学入学（時期不明）——同志社大学法学部予科1部入学（1931.4）——立教大学卒業——銀行員
(21) 李応堂（1910.10.6 生）：長老教中学入学（1925）——同志社中学退学（1928.4 〜 1930.4）——同志社大学法学部予科1部入学（1930.4）——同志社大学経済学部卒業（時期不明）
(22) 蔡森栄（1910.6.6 生）：長老教中学入学（1925）——同志社中学卒業（1928.4 〜 1930.3）——同志社高等商業学校入学（1930.4）
(23) 蕭仁慈（1910.11.26 生）：長老教中学入学（1925）——同志社中学卒業（時期不明）——同志社大学法学部入学（1915.4）——長栄女子中学教諭
(24) 彭明徳（牧山泰三）（1913.10.6 生）：長老教中学入学（1927）——両洋中学卒業（時期不明）——同志社専門学校政治経済部入学（1934.4）——同志社大学法学部入学（1940.4）——光華女子中学教諭
(25) 曽武琴（1912.7.11 生）：長老教中学入学（1928）——同志社中学卒業（1929.4 〜 1933.3）——同志社大学予科2部入学（1934.4）——昭和医専卒業——旗山医院
(26) 呉基福（1916.10.12 生）：長老教中学入学（1929）——同志社中学卒業（1932.4 〜 1934.3）——日本医大卒業

（医学博士）——基福眼科医院

(27) 邱主生（1913.12.22 生）：長老教中学入学（1929）——同志社中学卒業（1932.4 ～ 1934.3）——日本歯科医専卒業——歯科医

(28) 林慶瑞（1913.9.11 生）：長老教中学入学（1929）——同志社中学卒業（1932.4 ～ 1934.3）——日本大学経済科卒業——台南県政府工商課

(29) 張尚勲（1915.5.10 生）：長老教中学入学（1929）——同志社中学卒業（1932.4 ～ 1934.3）——日本歯科医専卒業——歯科医

(30) 呉基生（1916.10.12 生）：長老教中学入学（1930）——同志社中学卒業（1933.4 ～ 1935.3）——東京歯科医専卒業（歯医博士）——旗山病院長

(31) 周慶淵（1914.12.19 生）：長老教中学入学（1930）——同志社中学中退（1932.4 ～ 1934.3）——同志社大学予科 1 部入学（1934.4）——上野音楽学校卒業

(32) 蕭振声（1913.9.9 生）：長老教中学入学（1930）——同志社中学卒業（1932.8 ～ 1935.3）——日本歯科医専卒業——清妙歯科診療所

(33) 林克恭（1916.11.20 生）：長老教中学入学（1931）——同志社中学退学（1932.8 ～ 1935.3）——早稲田大学卒業

(34) 羅応時（1917.7.3 生）：長老教中学入学（1931）——同志社中学卒業（1934.4 ～ 1936.3）——同志社高等商業学校入学（1936.4）

(35) 王共（1919.10.5 生）：長老教中学入学（1932）——同志社

中学卒業（1935.4～1937.3）――名古屋薬専卒業――台南1中（薬剤師）

(36) 呉瑞卿（1917.7.14生）：長老教中学入学（1932）――同志社中学卒業（1935.4～1937.3）――明治大学卒業――北投第1銀行

(37) 張鴻麟（1917.9.28生）：長老教中学入学（1932）――同志社中学卒業（1935.4～1937.3）――九州医専卒業――医師

(38) 頼日生（1920.2.9生）：長老教中学入学（1932）――同志社中学卒業（1935.4～1937.3）――東亜医学院卒業――医師

(39) 郭炳堂（1918.3.15生）：長老教中学入学（1934）――同志社中学卒業（1935.4～1938.3）――東亜医学院卒業――医師

(40) 洪学優（1922.1.1生）：長老教中学入学（1935）――同志社中学卒業（1938.9～1940.3）――東京帝国大学経済科卒業

(41) 陳峻徳（1914.10.28生）：長老教中学入学（1935）――同志社中学卒業（時期不明）――同志社専門学校英語師範入学（1934.4）――同志社高等商業学校入学（1935.4）――東京医専卒業――医師

上の例から、長老教中学からの同志社中学への留学生の多くは、卒業後に全国の高等教育機関へ進学しており、そのうち医科・薬学・歯科が56.1％（23名）を占めていることがわかる。また最終学歴で同志社大学（専門学校や高等商業学校などを含む）

となるものも 14.6％（6名）と比較的高率であることも指摘できるだろう。こうして、長老教中学→同志社中学→医学関係学校→医師という、一つの典型的な進路コースの存在を指摘することができるのである。

4. 台湾の2中学を同志社中学につなぐもの

台湾の中等教育制度

　台湾の多くの生徒が長老教中学や淡水中学を中途退学して、同志社中学に編入生として留学してきたのは、彼等の個人的な選択というよりも、むしろ台湾の教育制度が大きく関わっている。ここでは、台湾の教育制度を概観することを通して、台湾人子弟が同志社中学に留学する歴史的背景を見ておきたい。

　そもそも日本統治時期の教育制度は大きく3期に分類されることが多い。すなわち第1期は1895年6月から1919年3月の台湾教育令が発布されるまでの時期、第2期は1919年4月の台湾教育令発布以後から1941年の太平洋戦争勃発と国民学校発足まで、第3期は1941年から1945年の日本の敗戦に至るまでとなる。

　そのうち、台湾人と日本人の教育を一本化することを目的とした台湾教育令のもとで、初等普通教育機関として、日本語を常用するもの（主として日本人）のために小学校が、また日本語を常用しないもの（台湾人子弟）のために公学校が設けられ、台湾人子弟に対する機会均等が実現した。しかしこれは中学校など上級学校への進学に対しては厳しい格差を生みだすことになった。だから1922年に中学校令が発布され、男子教育のための中学校や女子教育のための高等女学校が次第に整備されていっても、日本

人子弟と台湾人子弟の間には、大きな格差が残ることになったのだ。例えば阿部洋「1921〜1931年の中学校・高等女学校在学者数」(『日本植民地下における台湾教育史』所収)を見ると、人数的に多数を占める台湾人子弟が日本人に比べていかに少数派の地位におかれているかがわかる。

年次	中学校			高等女学校		
	学校数	台湾人	日本人	学校数	台湾人	日本人
1921	2	317	1,230	4	607	1,227
1924	8	1,216	1,837	11	1,016	2,278
1931	10	1,990	2,897	12	1,477	3,746

次にもうひとつ、1929年の一つの資料をあげてみよう。これは各中学における日本人と台湾人の受験者数及び合格者数を示したものである(『長栄中学百年史』より)。

ここでわかる一つのことは、日台の入学者人数と正比例して学校間格差が存在しているらしいことである。つまり台北と台南において、1中のほうは日本人が多く、2中の方は台湾人が多いことがわかる(台中の場合は台湾人の設置運動によって台中1中が設立された経緯があったため他地区とは異なっている)。もう一つは、日本人と台湾人における合格率の差が明確に出ていて、日本人の場合には40〜50%の合格率(台中地区を除く)であるのに、台湾人の場合には10〜30%になっていて、明らかな進学差別の状況があったことを証明している。

さらに1930年代に入ると、台湾人子弟の中学への進学者が激増し、1937年度にはその人数1万9400人にも達したため、現有

学校名称	受験者数	合格者数	合格率
台北1中	（日） 382	183	48%
	（台） 22	6	27%
台北2中	（日） 49	13	27%
	（台） 418	80	19%
台中1中	（日） ──	──	──
	（台） 620	94	15%
台中2中	（日） 167	84	50%
	（台） 29	7	24%
台南1中	（日） 214	90	42%
	（台） 38	10	26%
台南2中	（日） 21	9	43%
	（台） 569	90	16%

の公立中学では収容できず、公立中学は希望者の24％、高等女学校は希望者の40％、職業学校は希望者の19％しか収容できなかったという。この状況下で、私立の長老教中学や淡水中学への入学希望者も増加したが、当時、教育法の規定によれば、普通中学は修業年限は5年で、卒業すれば内地の高等学校、専門学校、大学専門部（或いは大学予科）などの上級学校に進学できることになっていた。だが、官立中心の政策のなかで不平等な扱いを受け、「認定」を獲得することができなかったために、台湾の私立中学の卒業生は、そのままでは上級の教育機関に進学できず、多くの学生が2～3年次を修了したあと、上級教育機関へ進学する資格を得るために、遠く日本の同志社中学へ編入することになったという。

李登輝の談話から

　私はかつて淡水中学を卒業した李登輝を自宅に伺い、淡水中学時代の思い出を語ってもらったが(「李登輝さんを訪問して」『中国文芸研究会会報』No.230)、「認定」問題と同志社留学の関係にも触れている部分があるので引用してみたい。(写真24)

写真24　2000年9月9日、李登輝宅で

　戦前の日本に多くの留学生が行ったのは、台湾の教育事情が背景にあるためで、当時台湾で公立の中学に上がることは非常に難しかった。それで国民学校や公学校を卒業して同志社にいったわけだ。淡水中学についていうと、この学校は当時認定（認可）を受けていなかったから、淡水中学だけで終えると、上の学校に入れないから、同志社に転学（編入学）していくのですよ。……昭和14年（1939年）以後に淡水中学から同志社中学に編入学する学生がいなくなるというのは、これは主に認定問題でしょう。認定された後はもう同志社に行かなくなったし、台

湾は便利だから逆に同志社から帰ってきた人も多かった。僕のクラスでは日本にいた台湾学生が4～5人日本から帰ってきた。……大正9年（1920年）入学に陳能通というのがいるが、あとで淡水中学の校長になっているが、かれは惜しい男だったよ（1947年の二・二八事件の犠牲者となる）。それと陳清忠（ラグビーを同志社から導入した）も淡水中学（女子部）校長になっている。また朱江淮というのがいるね。彼は台南高等工業学校を卒業して、台湾電力会社の総経理（社長）にまでなった人だよ。朱さんは僕もよく知っている。ほかにも知っている人が2～3人いるが、同志社からはいろんな人が出ていますよ、ただ台湾からこんなにも沢山の人が同志社に行っていたとは驚いたなあ。

　ここに、大量の台湾留学生がなぜ同志社中学に留学したか、そしてまた留学しなくなったかの原因が明確に述べられている。つまり1939年以後、台湾から同志社中学への留学数が激減したのは、台湾で両中学が認定されたためなのである。両中学と同志社の"交流"は、学校間の協定があったわけでもなく、キリスト教の組織的な関係によるものではなかった。台湾人子弟に対する差別構造や、私学教育に対する圧迫といった時代の強制のなかで、いわば"抜け道"として選択されてきたから、その外的強制力の消滅が、即同志社と両中学の関係を断絶に追い込んだことは、時代の皮肉であると言えないこともない。

　台湾留学生が進路として同志社中学→同志社高商というコース（すでに指摘した）と、同志社中学→医学関係の学校というコースと、つまり医師か商業従事者という2極構造を取っていたことは、何を意味するのだろうか。長老教中学在校生をはじめとする

比較的裕福な台湾家庭の子弟は、日本の厳しい差別的構造のなかで、相対的に自由な活動が可能であった自由業——医師と商業に選択の目を向けたと考えたほうが自然であろう。いわば同志社中学は、台湾留学生の最初の上陸地点であり、彼らの多くはそこを拠点に全国に散っていったことになる。しかし台湾留学生の学歴経過点としての同志社中学は、彼らの最終学歴に記載されることもなかったのである。

キリスト教を共通項とした3中学校の関係

　戦前の同志社中学に大量の編入生を送り込んだ長老教中学（長栄高級中学）と淡水中学（淡江高級中学）は、長老教を母体とした双生児として生まれ、台湾の教育文化に欠くことが出来ない存在に育ってきた。しかしこの双生児は、一卵性というよりも二卵性のように、むしろ対照的な性格が目立つような気がする。

　長栄高級中学が台南市街地の近代的高層建築を拠点に、数千名を超える生徒を擁する大規模近代教育を展開しているのに対して、淡江高級中学は台北郊外の緑と静けさのなかで、2千名に満たない少人数教育に徹しているようにみえる。

　長栄高級中学は戦争時期から身体鍛錬のために体育を重視してきたのに対して、淡江高級中学は美術、音楽、体育といった全人教育にも重点をかけていて、"バンカラ風"対"みやびの気風"という対照を示している。そしてまた日本人校長への対応も両校の差異は明確である。台湾総督府からのさまざまな圧力に対して、長老教中学は節操を守りながら事態の乗り切りを図ったのに対して、淡水中学は一旦その経営権と教学権を放棄して生き延びることを選んだ。長老教中学の加藤長太郎校長はクリスチャンとして

の立場を守りながら教育を進めたのに対して、淡水中学の有坂一世校長は自分の子供を学園に転校させて、台湾人子弟のための教育に一身を投げ出した。彼ら2人の精神と方法は異なったが、それぞれのやりかたで生徒達の信望を集めることになり、その後の発展の基礎をうちかためたのである。こうして二中学は異なった方法と態度で対処し、遂に「認可」を勝ち取り、生き延びていったが、皮肉なことにその「認可」は二中学から同志社中学に編入する必要性と根拠を失わせ、二中学と同志社との関係を断絶させる結果を生み出すことになった。

　両校と同志社の交流は、宗教的な関係や明確な協定が存在していたわけではなく、いわば時代の要請と強制というネガティヴなものであったが、同志社の精神は、教師や先輩達の個人的な関係と奮闘のなかでつなげられ、時代の強制によってやってきた留学生が、自分の意志でクリスチャンになってゆくという、たくまざる橋がその間に架けられていたことを我々は知ることが出来る。

第4章　キリスト教界の同志社出身者

　台湾のキリスト教は、明治維新後の日本と同じように、その近代化において重要な役割を果たしてきた。しかしそれは、オランダ、中国や日本などの諸外国による植民地化の過程と重なったために、日本よりもずっと複雑な問題を内包することになったといえる。そのなかで台湾基督長老教会は、台湾のキリスト教における中核にあって、宗教や医療といった布教に直接関係する分野だけではなく、政治や国際交流や社会的活動に積極的に関与し、独自の発言力を保持してきたのである。そしてこの複雑で困難をきわめた台湾長老教会の歴史において、かつての同志社の留学生たちはどのような力を発揮していったのであろうか。ここでは4名の同志社出身牧師の軌跡を通して戦前戦後の台湾社会における基督長老教会の役割を明らかにしたい。

1. 日拠時代におけるキリスト教の活動

イギリス・カナダから日本主導への移行

　台湾の発展は南部から北部へと移行したが、キリスト教の布教活動もそれと歩調を合わせながら、南部教会と北部教会が並立的に存在し、それぞれ独自の立場と考え方に立って活動をおこなってきた。

　17世紀になって、最初にキリスト教の布教を開始したのはオランダで、32名にのぼる宣教師を送り込み、主として土着の原

住民を対象として布教にあたったが、鄭成功が1661年に南部の安平港に上陸すると、2名の学校教員と5名の牧師が9ヶ月間籠城のすえ殉教して、オランダの影響は実質的に消失することになる。その後、1858年の天津条約によって、基隆、淡水、高雄などの開港と、これらの地域での伝道の自由が保障されたのがきっかけで、本格的な伝道活動が開始される。1865年に英国長老教会から派遣されたマクスウェル（James Maxwell）博士は高雄で医療伝道を始め、その後台南が南部宣教の中心地となっていく。その後1876年にはバークレー牧師（Thomas Barclay）によって、台南神学校（現在の台南神学院）が設置された。これは台湾で最初の西洋式"大学"で、当時学生は15名であった。

一方、カナダ長老派宣教会はイギリスに7年遅れて、1872年にマカイ（George Leslie Mackay）牧師を淡水に派遣し、台湾北部における布教活動のスタートを切り、1882年には牛津学堂（Oxford College）を設立し、本格的な神学教育を始めるようになる。マカイ博士はその後、台湾人の信者育成に力を注ぎ、北部長老派宣教会の基礎を確立し、馬偕紀念病院、牛津学堂、女学校、診療所と60ヶ所にのぼる教会を設立していった。その後布教は順調に推移し、1892年の北部教会の勢力は、教会数60ヶ所、伝道者60名、信徒2640名へと急激に増大する。

こうして、近代台湾におけるキリスト教は、台南新楼を拠点とする英国長老教会系の南部教会と、淡水を拠点とするカナダ長老教会系の北部教会が、台中の大甲渓を境界として伝道地域を分割し、それぞれ独自の布教活動を展開していったのである。

戦時下のキリスト教

　ところが、1894年に甲午（日清）戦争が勃発すると、戦争の緊張がキリスト教会にも波及してきて、結局中学校、女学校、神学校が閉鎖に追い込まれるなど南北両教会は大きな迫害と損失を蒙ることになった。例えば北部教会では、20ヶ所にのぼるチャペルが日本軍によって占拠され、信徒735名が行方不明または殺害されたのである。

　日本の台湾占領にともなって、日本のキリスト教会も積極的な台湾への進出をはかり、軍人の慰労を名目にした数次の慰問使節をきっかけにして、1916年には長老教会の植村正久牧師が台湾各地で講演活動を行うなど、台湾での布教を次第に活発化させていく。

　その後日本の植民地政策が本格化するが、日中戦争勃発後の1937年には、台湾長老教会に対して「北支事変全台基督教奉仕会」（会長上与二郎、書記北森一貫）に参加することを強制したり、1938年には、礼拝の前に「国民礼儀」を強要したり、各教会に「神棚」の設置、国歌の斉唱、皇宮への遙拝など皇民化の要求が突きつけられる。その後この圧力はさらにエスカレートし、1944年4月29日には日本基督教団台湾教区（日本人教会）、日本聖公会台湾伝道区（日本人教会）と台湾基督長老教会（台湾人教会）の3つの組織が合同して「日本基督教区台湾教団」が成立し、指導者メンバーとして、統理上与二郎、総務局長中森幾之進、伝道局長陳渓圳、財務局長劉子祥、台北教区長塚原要、台中教区長山崎米太郎、台南教区長滋野真澄（陳金然）、高雄教区長継山謙三（許有才）が当たった。こうして台湾のキリスト教は戦時一色のなかに投げ込まれ、正常な信教活動が阻害されたまま終戦を

迎えることになってしまう。

戦後日本キリスト教の反省

　戦後になって、日本のキリスト教界は戦前に生起したさまざまな不正常で不幸な事態に対する反省を行ったが、岸本羊一「日本基督教団から見た両教会の歴史と問題点」はそれをつぎの14点にまとめている。

（1） 日本が台湾を植民地として支配するようになった時点で、日本のキリスト教が、明治以降のいわゆる「脱アジア論」にあらわれているようなアジア観に対して、明確な態度を取ることがなかったこと。
（2） 日本のキリスト者たちが台湾にあって、台湾のキリスト者、教会に対して優位に立ち、主にある交わりをつくろうとしなかったこと。
（3） 1931年に発生した霧社事件に際してとられた日本軍の誤った行動に対してあげられた世界にむけての教会的な批判の声に対して、日本の教会が何の反応も示さなかったこと。
（4） 1932年からはじまる、国家神道のあからさまなおしつけに反対する台湾人キリスト者の叫びを無視し続けたこと。
（5） 山地の人々に対する一貫した宗教制限に対して、何らの理解も示さず、そのために信仰的な行動を志しつづけた井上伊之助のような人を、機構的に教会組織から排除したこと。
（6） 1937年以後、山地の人たちのキリスト教会を非合法化し、そのために、多くの山地のキリスト者、打歪や芝宛や高添旺といったすぐれた伝道者たちを迫害した官憲に、何の抗

議や手だてをつくさなかったこと。

(7) 1932年からはじまっていた教会立学校に対する官僚の圧迫や不正に対して、日本の教会は一部その抵抗に加わり、協力もあったが、組織的な声をあげることができず、ついに淡水中学や淡水女学院事件、後には台南神学院閉鎖までいたってしまったこと。

(8) 教団の成立にあたって台湾基督長老教会参加の申し入れを、理由も示すことなく拒否したこと。

(9) 日本基督教台湾教団の成立における日本人教会の責任と、二重教会籍のいつわりに対して、日本基督教団は何の態度も取らなかったこと。

(10) 戦争中における台湾人キリスト者に対する迫害に何の手だても取らず、かえって台湾人キリスト者に国家への服従を指導しようとしたこと。

(11) 以上のすべての面における日本の教会の台湾人（キリスト者も含めて）に対する差別及びごうまんな姿勢。

(12) 戦後発生した二・二八事件に対して、教会的な発言をするどころか、無視したままであったこと。

(13) 協約をしながら、教団は、自分のつごうを理由にそれを反古同然に放置し、台湾基督長老教会の痛みを共にすることができなかったこと。

(14) 戦後、台湾人に対する日本政府の保障のうったえに対して、何の声もあげ得ないでいること（ヤスクニ合祀問題も含む）。

2. 同志社出身の牧師——陳渓圳の役割

日本キリスト教会と陳渓圳

　戦時体制下の台湾キリスト教において、上与二郎、中森幾之進、塚原要、山崎米太郎といった日本人牧師が次第に中核的位置を占めながら、日本の皇民化政策に迎合する動きを強めて行くが、これら日本人牧師に混じって陳渓圳という一人の台湾人牧師の名前が見えることは注目されよう。

　例えば1943年3月に成立した「台湾基督長老教会台北教区会」の教区長は陳渓圳で、正副書記は郭和烈、黄六点であったし、1944年に成立した「日本基督教区台湾教団」の役員として、伝道局長陳渓圳、財務局長劉子祥、台南教区長滋野真澄（陳金然）、高雄教区長継山謙三（許有才）といった台湾人の名前がみえる。

　また長老教会側の資料から、陳渓圳の役職を当たってみると、1937年（第41回長老教会北部中会議長）、1939年（第43回長老教会北部中会議長）、1940年（第1回台湾基督長老教会北部大会議長）、1942年（第2回台湾基督長老教会北部大会議長）、1943年（長老教会台北教区会教区長）、1944年（日本基督教区台湾教団伝道局長）というふうに、彼は戦時下の台湾長老教会にあってトップの座を維持していたことがわかる。この重要な役割を演じた陳渓圳という人物は、かつて同志社の留学生であったが、日本・台湾のキリスト教交流の媒介項的位置にあったことからも重視すべき人物である。そこで次に、陳渓圳の経歴を具体的に追いながら、その行動と存在の意味を考えてみたい。

陳渓圳の経歴

陳渓圳は1895年11月14日に基隆市暖暖区に生まれた。両親はともにキリスト教徒であったが、父・陳両故は幼年時にマカイ博士によって受洗し、その後日本人から焼酎と醸造原料の「白麹」の製法を学び、台湾第2の造り酒屋へと発展させた。

陳渓圳には2人の妹と1人の弟がいて、長女の金英は彭清靠医師と結婚した。彭清靠はその後、大甲、高雄で産婦人科を開業し、淡水工商専科学校の最初の校長となったし、その四男として生まれた彭明敏は長じ

写真25　陳渓圳

て、台湾大学法学部主任で国際法の世界的権威となり、台湾民主化の活動家として活躍した。

さて陳渓圳自身はといえば、1903年に暖暖公学校（国民学校）に進むが、父親は神学の専門知識と訓練を受けさせるために、1910年に淡水牛津学堂に入学させた。その後同校卒業の1916年には「教士会」の派遣によって同志社大学に留学して1918年には神学部を終えている。この間彼は賀川豊彦に傾倒してその教えを受け、帰台後は伝道以外に慈善事業や医療活動など、貧困者に対する奉仕活動を積極的に行っている。その後、東京神学校（現在の東京神学大学）で研鑽を積み、翌年卒業と同時に、帰台して宜蘭教会の伝道師となり、その後1921年からは双連教会牧師となり、その後55年にわたる牧師生涯を送ることになる。（**写真25**）

さて陳渓圳は1920年5月18日に、漢学家・牧師・淡水中学教師であった蕭安居の長女・蕭美珠と結婚する。彼女は1898年1月6日に桃園に生まれ、長じて淡水高等女学校に入り、4年間の教育を受けた後、母校に助手として残った経歴をもっているが、彼女の妹たちが多く同志社出身者と結婚したことは興味深い。例えば、3女の蕭美徳は柯設偕と、4女の蕭美懐は陳能通と結婚しているが、いずれも淡水中学から同志社へ留学しており、淡水中学・同志社を共通項にした血縁関係を結んでいる。

　陳渓圳は戦前だけではなくて、戦後においても長老教会のトップの位置を守り続け、1948年（北部大会第4回議長）、1950年（北部大会第5回議長）と2回にわたり、北部大会議長を務めた後、1951年には合同なった台湾基督長老教会総会第1回副議長となった。その後、1952年（北部大会第6回議長）、1954年（北部大会第7回議長）、1960年（北部大会第13回議長）、さらに1962年には台湾基督長老教会総会第9回議長となり、1961年の第8回大会では副議長、第18回大会では副書記長となるなど、戦前戦後を通じて、台湾長老教会最長老の位置を保ち、強い影響力を与え続けたのである。その間に、台湾神学院理事長、馬偕医院理事長、淡水工商学院理事長、中華民国聖経公会理事長・名誉理事長、中華基督教協会理事長、基督教協会理事長など多数の役職を歴任し、社会的に高い地位を保持し続け、1990年2月15日に享年95才で逝去した。

　以上ざっと陳渓圳の経歴を見てきたが、彼の行動を評価する際に重視すべき点を二つあげておきたい。そのひとつは彼と音楽との関わりであり、もう一つは行政能力を支えた性格と人脈についてである。

陳渓圳と音楽

　まず音楽方面だが、橘守「グリークラブＯＢ——三たび台湾演奏旅行」に、陳渓圳と同志社大学グリークラブの関係について次のような記載がある。

　　11年前に国立台湾大学との親善交歓演奏会で大好評を博したグリークラブＯＢのクローバークラブは「全同志社大学男声合唱団」の名の下に去る4月28日から5月5日まで……第3回目の台湾演奏旅行を行った。……主な演奏会は、高雄師範学院、高雄日本人小学校、台北東呉大学、台北日本人小学校等。……最終日には校友の故陳渓圳双連教会牧師（大正7年神学部卒グリークラブＯＢ）の追悼演奏会を、……双連教会で行った。

ここから陳渓圳が同志社グリークラブと強い関係を持っていたことがわかるが、それに関して台湾側から詳細な資料をいくつかあげることができる。

　　私が初めて双連教会に行ったとき、若い伝道指導者であった陳渓圳牧師と出会った。彼は日本の有名な同志社大学 Glee Club の重要なメンバーであり、また台湾における最初の聖楽音楽家でもあった。1930年に彼は台北医専でのグリークラブの活動に協力して、忙しい時間を割いて指導していた。この合唱団は台湾における最初の学生合唱団であったが、彼は我々に世界の名歌や賛美歌などを選んで歌唱指導をした。
　　1931年秋、台北医専の学生が医専の大講堂で大音楽会を計

画した際に、我々の合唱団は陳渓圳伝道師に指揮を依頼したが、果たしてグリークラブや独唱の素晴らしいプログラムを演奏し、満場の聴衆から熱烈な拍手喝采を得たのである。(石孜理「大専合唱団之嚆矢」『常緑在人間』)

　新しく双連教会にやってきた陳渓圳牧師は、双連聖歌隊メンバーと同じくらい若かったが、彼の音楽素養はいつもメンバーを感嘆させるのだった。陳渓圳が「The Holy City」の独唱や、「Call John」のカルテットを一人で唱ったり、フォークソングから賛美歌まで、いつでもどこでもこなしてしまうのであった。(石公燦「永遠的歌者」『常緑在人間』)

　陳牧師は台湾ＹＭＣＡ聖楽合唱団が初めてヘンデル (Georg Friedrich Handel) の有名なオラトリオ《メサイア》を上演したときにテノールのソロを担当したそうである。……最も印象に残っているのは、陳牧師が自分で「Call John」のカルテットを編成して歌ったことである。しかし本当に人を感動させたのは、毎回の礼拝や葬儀で、自ら歌唱指導をする際に、私達は彼の特別な魅力によって、つい引き込まれて声を張り上げてしまうといったぐあいに、場にいる人々の心を開かせ、神の福音(音楽)を伝えることができることにあった。(陳茂生教授「良牧秩事」『常緑在人間』)

　陳渓圳は淡水中学時代に、メリス夫人 (Margart Mellis) から西洋音楽を学んだが、同志社大学時代には陳清忠と共にグリークラブに所属していた。陳清忠はバスを担当し、陳渓圳はテノール

で、2人はクラブの"宝"だと称されたほどであった。台湾で最初に結成されたグリークラブは、陳清忠（同志社出身）が教員をしていた淡水中学であったが、陳渓圳もその初期のメンバーであった。つまり、陳清忠と陳渓圳の2人は台湾における西洋音楽の早期の開拓者であったといえる。こうしたことから、陳渓圳の宗教生活が、音楽と分かち難く結びついていたことを証明することは困難ではないだろうし、彼の思想や行動を考察する場合に無視できない要因となっていることは疑いない。（写真26）

写真26　同志社大学グリークラブの
陳渓圳（右端）と陳清忠（右から2人目）

陳渓圳の行政能力

　次に陳渓圳の日本時代の人脈と行政能力について見てみよう。彼が戦前の厳しい圧迫のなかで、台湾側の代表として重要な役を演じたことを具体的に述べている文章がある。

1940年陳渓圳は台北中会議長であったが、彼の指導のもとで、各中会が統合して、北部大会が正式に成立し、北部教会の最高議決機構となった。北部大会が成立した時、陳渓圳牧師は双連教会を牧会していた。

　1940年5月21日、最初の北部大会の結成大会が台北神学校で開かれ、当時北部中会議長の陳渓圳牧師は北部大会の成立を宣言した。陳牧師は最初の議長に選ばれ、各議事及び教会のさまざまな重要事務や議案を処理した。……

　陳牧師は当時新進の中堅人物であったが、彼は多くの日本留学経験を持つ伝道師たちとともに、北部教会において、所謂新人運動を展開し、教会革新及び教会の自主独立（自治、自養と自伝）のために邁進し、そのためにこの運動は北部教会において顕著な進展を示したのである。これは北部教会における、陳牧師の大きな貢献であった。陳渓圳は第3回以外にも、連続5回にわたり大会議長の職につき、さらに1960年2月5日にも第13回北部大会議長の職にあるという、これは空前絶後の記録であった。……

　戦線の白熱化にともない、日本政府の台湾教会に対する圧迫はますます厳しくなり、外国宣教師との往来を禁止し、日本基督教台湾教団に入るように強制した。陳渓圳は当時北部大会の指導者であり、経常的に監視されていたが、陳牧師は時には蛇のようにずるく、時には鳩のようにおとなしい態度で、北部教会がこの危機を乗り越えられるように指導した。（「瑰麗的人生」『常緑在人間』）

陳渓圳が台湾人牧師のなかで中心的な役割を演じることができ

たのは、彼の行政能力が卓越していたことによるが、その背景には日本語理解力、日本事情の知悉度、日本のクリスチャン人脈の多さなど、日本との関係の深さがその武器になっているのは確かである。その事情をつぎのように証言しているものがある。

　台湾が日本政府による50年の植民支配を受けた時期において、日本の教会関係者との交流の必要性が生じたことによって、また陳牧師の背景と経歴が有効に働いたために、まもなく長老教会の代表的人物となった。陳牧師は常に台湾神学校大川正校長、日基教会の上与二郎牧師及び台北ＹＭＣＡ近森一貫主筆等の人物と緊密な関係を取り、また親密な関係を結び、それで彼らから尊重されたのである。

　大東亜戦争が勃発したとき、日本政府はすぐさま一切の外国宣教師を監禁し、次々と本国に送り返し、残った財産や事業機構はすべて軍部に没収されたのだが、長老教会の幹部たちが強烈に抗議し交渉をした結果、ついに没収をまぬかれて直接的な運営が許可されたのである。さらに戦争末期に敗北的状況が次第に濃厚になってくると、政治思想事件を取り扱う「特高」が厳しく教会の活動（日本人の教会を含む）を監視するようになり、各地の長老教会はしょっちゅう干渉を受けるようになる。……このような内憂外患に直面したとき、情勢を把握し財政を管理して難関を越えることができたのは、ほとんど陳牧師を代表とするグループの努力によっていた。……

　終戦後、とりわけ中国大陸が陥れられてから、多くの教派の外省人の教会牧師が相継いで台湾にやってきて、その多くは長老教会と協力ができたが、複雑な背景や政治的要素がからんで

しばしば混乱に陥る場合も少なくなかった。陳牧師は初期にはなお長老教会総会の指導者の立場にあったが、まもなく外省人の教会の圏内に入り込む必要に迫られ、次第に長老教会の中心的地位を離れて、全国的な教会工作の分野に入り始めた。例えば聖経公会の理事長、葛理翰牧師伝道大会主席や全国基督教会理事長などの公職につくようになったのである。

　若いころ外国の宣教師との付き合いをうまくこなしたように、また多くの日本の牧師と共同して仕事を行ったように、人生の晩年に至ってもなお、好奇心旺盛に他会派の代表的人物（外省人の牧師達を含む）とともに政治的な工作を画策するときには、非常に円熟した外交手腕を発揮したのである。（鄭連道長老「生涯導師」『常緑在人間』）

弾圧と圧迫が吹きすさぶ戦前において陳渓圳が活躍したということは、後世から見れば、日本軍国主義の手先だったとして断罪される理由となるかも知れないし、日本のキリスト教関係者と同じ誤りを犯したと評価されてもやむを得ない部分もあるだろう。しかし、複雑で困難な状況のなかで、被支配者が"蛇のようにずるく、鳩のようにおとなしい"態度で、次善・三善の策を模索していった姿を、手先とか奴隷といった単純な概念で非難することもできないと思う。陳渓圳の行動が結果的に日本政府への従順と協力という結果をもたらしたとしても、それが出世欲や私利私欲に出たものではなく、貧者や弱者に対する愛情に支えられたものであり、その信仰の実現のためだったことだけは疑いがないのである。時に自分の信念を押さえ、時に屈辱に耐えていたとき、陳渓圳の歌う賛美歌や古典歌曲はどのような意味を持っていたのだ

ろうか。

3. 戦後長老教会の活動

1947年に勃発した二・二八事件は戦後の台湾社会に大きなツメ跡を残すことになった。台北市内に建立された「二二八記念館」の日本語ガイドには次の様な概要説明がある。

台湾の近代史に多大な影響を与えた二・二八事件は、いうなれば長期的な隔絶状態の後、無理遣り統一をはかったことによる文化的衝突がもたらした悲劇である。これは歴史的必然性として、官民の衝突、軍隊による弾圧、無垢なる人々の死という三つの段階をもたらした。二・二八事件の導火線となった、ヤミタバコ取り締まり殺傷事件の段階では、政府当局は民間に渦巻く不満の深さを理解できず、曖昧なまま答えを引き延ばし、増援部隊を待って銃剣による問題解決を図った。3月8日の中国大陸から増援部隊の上陸後は、北から南まで、都会から田舎にいるまで、沿道の老若男女を殺害していった。…引き続いて起った「清郷」と白色テロにより、台湾は40年に及ぶ長い暗黒時代を迎えた。

この事件に関連して、岡山教会伝道師蕭朝金、淡水中学校長陳能通及び二人の教師・一人の生徒、台湾大学の林茂生、花蓮の張七郎医師とその息子2人など、多くのキリスト者が犠牲になったが、その後長老教会は本格的な活動を再開させていく。まず1951年に、これまで南北に分離してきた組織を「台湾基督長老教会総

会」として統一させ、第1回総会において、黄武東議長（南部出身）、陳渓圳副議長（北部出身）を選出し、南北統一の運営体制が確立した。

1951年当時の長老教会の教勢は、信徒数60,000名、陪餐者35,000名、牧師120名、伝道師60名、教会：平地200ケ所・山地70ケ所という教勢であったが、1955年から1965年には教会倍増運動、1965年からは新世紀宣教運動など積極的な布教活動が展開され、比較的順調に拡大していく。しかし1960年代後半から始まる高度経済成長による工業化、都市化、商業主義化、1971年のニクソン大統領の中国訪問による国際関係の孤立化は、長老教会に対して新たな対応を迫っていくことになる。

「国是声明」をめぐって

長老教会は、国民党政府の国際的孤立化脱却のための外交活動の一翼を担い、「国民外交活動」に積極的に参加し、1972年から独自に20回（のべ200名）にわたる訪問団を組織して欧米の教会に派遣するなどの活動を行う一方で、「国是声明」（1971年）、「我々の呼びかけ」（1975年）、「人権宣言」（1977年）などの公式声明を発表し、民主と人権の擁護、社会改革の運動に積極的に関わり、国民党政府との摩擦を一層強めていくことになる。

1971年12月30日の「国是声明」（台湾基督長老教会対国是的声明与建議）は、台湾人による自治と、「新しい独立国家」への希望を表現したもので、国民党政府の反撥を引き起こすきっかけとなったが、続く1977年8月16日の「人権宣言」（台湾基督長老教会人権宣言）は、「人権と郷土は神の賜物故に、台湾の将来はその地に住む1,700万住民によって決められなければならな

い。政府は台湾が新しい独立した国家となるよう効果的方法をとることを要請する」とそのトーンをさらに高めたものとなった。これに対して、「宣言」が掲載された『台湾教会公報』の没収（8月21日）をきっかけに、『夏潮』、『中華雑誌』、『綜合月刊』などのメディアによる包囲攻撃が組織され、それが長老教会内部の矛盾激化へと連鎖していく。そして1978年3月14日には、長老教会北部教会の陳渓圳牧師や呉清鎰などによって、「国是声明」、「我々の呼びかけ」、「人権宣言」など一連の声明の取り消しが提案される（67：13で否決）など、内紛状況を呈することになる。

『美麗島』事件の勃発

このような複雑な政治状況を伏線にして、1979年12月10日に『美麗島』事件（高雄事件）が勃発することになる。国際人権デー当日、各地で記念集会が企画され、高雄市でも1万人を超える参加者が集まった。それに対して公安・警察が装甲車・催涙弾などによる弾圧を行い、結局500人以上の群衆が逮捕され、翌日からは集会主催者であった評論誌『美麗島』社が捜索を受け、同社社員14名のほか、王拓・呂秀蓮・陳菊・姚嘉文などの知識人や、林義雄・張俊弘・周平徳などの政治家の逮捕へとつながり、こうして、この『美麗島』事件は、結局600名を超える逮捕者と民意代表選挙の候補者や運動員に対する大弾圧事件となったのである。

この事件の性格は、知識人の言論・人権擁護運動に対する弾圧であったが、同時に台湾長老教会に対しても大きな影響を与えることになった。それはこの事件の関係者のなかに、長老教会関係者が多くいたためだが、特に高俊明総幹事が容疑者隠匿の容疑で

逮捕されたことは、ことの重大性を象徴した。そして高俊明総幹事逮捕を受けて、長老教会は「緊急呼びかけ」を、直接の手渡しの方法で全土1,008の教会に届けるなど、当局との全面対決へと突きすすんでいくことになった。

4.『美麗島』事件に関わった同志社出身の牧師たち

　高俊明牧師の逮捕によって、長老教会が『美麗島』事件に対して全面的に関与し始めたことは、教会と社会（政治）の関係が新たな段階に入ったことを意味していたが、この事件に積極的に関わった牧師のなかに、3名の同志社出身者がいた。そのひとりは鄭児玉牧師、2人目は荘経顕牧師、3人目は張清庚牧師で、それぞれ教会のなかで長老的な位置にある人物である。彼らの行動は、それぞれ個人的な立場と信念によっているが、共通の背景としての同志社はどのような位置にあるのだろうか、以下3名の牧師の『美麗島』事件への関与を通して見てゆきたい。

鄭児玉牧師

　鄭児玉牧師は、1922年6月27日に、米穀商の次男として屛東県に生まれた。1928年に長老教中学（2年生）から同志社中学に編入して、1931年に卒業と同時に東京物理学校（現在の東京理科大学）に入る。その後一旦台湾に帰国して、再度日本に渡り1946年に同志社大学文学部神学科選科に入学し、翌年卒業している。戦後は台南神学院で教授（1961年）、研究教授（1987年）、栄誉教授（1989年）として神学の講義を担当し、さらに1979年に創立された台南神学院附属基督教社会研究所所長となり、現在

に至っている。同研究所は、アメリカと中国が国交を回復した際に、「時局の変化に応じ」設立されたもので、この年に『美麗島』事件も起こっている。

　さて『美麗島』事件は、高雄に隣接した台南神学院にも直接的な影響を与えることになった。事件後鄭児玉牧師は、台南神学院の院長代理として当局との対応を行ったが、翌年4月に長老教会は第27回総会を台南神学院で開催し、そこで『美麗島』事件に対する立場を鮮明にし、すでに逮捕された8名の長老教会関係者や高俊明総幹事に対する支援を決定したのである。総会終了後、高俊明は夫人と共に鄭児玉牧師を訪れて、教会と社会との関係などの懇談を行った後台北に戻り、その夜に逮捕されてしまうことになる。

　それより前の2月28日、台北で「林家惨殺事件」が起こり、鄭児玉牧師はその事後処理に深く関与することになっていく。そもそも立法院（省）議員の林義雄は『美麗島』事件に関わって入獄中であったが、その老母林遊阿妹と林氏の次女・亮均と亭均の双子の姉妹（7才）が自宅で何者かによって惨殺され、長女の奐均も瀕死の重傷を負うという不可解な事件が起った。たまたま台北に居合わせた鄭児玉牧師は、事件直後に立入禁止となっていた仁愛医院の病室へ、牧師の資格で入って祈祷し、外部にその消息を伝えることができた。その後鄭児玉牧師がこの「林家惨殺事件」を通して、その犯人の告発と社会正義のために戦ったことは、台湾民主化のための貴重な一石となった。ちなみに事件現場となった林家は現在は義光教会に生まれ変わり、長老教活動の重要な拠点になっている。

荘経顕牧師

　もうひとり、同志社出身として荘経顕牧師をあげてみよう。彼は1922年3月10日、新竹市に生まれた。その後新竹中学を経て、台北神学院（現在の台湾神学院）に進み、1947年3月に卒業と同時に、長老教会竹東教会の伝道師となる。その後、1963年9月から半年にわたり同志社大学神学部で研修を受けることになる。長老教会関係の役職としては、台北中会議長（1971年～1972年）、北部大会議長（1972年～1973年）、長老教会総会議長（1976年～1977年）などを歴任し、長老教会の社会的活動に積極的に参加し、「人権宣言」は荘経顕牧師が総会議長であった時期に起草したものである。彼はその間の事情について私宛の手紙（日本語）で次のように記している。

　台湾基督教会の発した第1次の声明（「国是声明」）時、私は台北中会議長として1971年12月29日三重埔教会で中会を開催し声明を発表しました。その後第2次声明（「我々の呼びかけ」）、第3次声明（「人権宣言」）は私の三重埔教会在任中でしたが、特に第3次の人権宣言は私が総会議長の時に起草したもので、私達は入獄を覚悟して決死の思いで起草したものでした。3回とも国会の開戦、台湾の前進は台湾人民の自決によって決めるべきを公表し、3回目の人権宣言では人権と郷土は神から賜ったものであり、政府が「台湾をして新しい独立国家となすべきである」と台湾独立を主張しました。正に命がけの声明でした。当時高俊明総幹事はこの3回の声明に名を連ねておりました（議長は1年ごとに変わる）。私は3回の声明に参与できたことを神に感謝し、同志社神学部の方々に感謝していま

す。(2001 年 9 月 3 日付け)

　荘経顕牧師の激しい行動は"社会公義"に基づいているが、それはご本人が述べるように同志社の体験が強く影響しているのは事実である。

張清庚牧師

　張清庚牧師は、1930 年 8 月 21 日生まれで、本籍は宜蘭県である。1955 年 6 月に台湾神学院を卒業してから、日本に留学し鶴川学院で日本語を 8ヶ月間学んだり、1970 年には同志社大学神学部大学院修士課程で研鑽を積み 72 年に修了している。台湾神学院卒業後は、長老教会東部中会で牧師として仕えたが、1983 年からは来日して、日本基督教団池袋台湾教会 (池袋礼拝堂、代々木会堂) の牧師を 18 年にわたり勤めている (2001 年 3 月退職)。また 1994 年 6 月には台南神学院から栄誉神学博士号を送られている。

　長老教会における役職では、東部中会議長 (第 23 回・29 回)、北部大会議長 (第 28 回)、台湾総会議長 (第 27 回) と重要な職責を担っているが、『美麗島』事件との関係も非常に深いものがある。私の手元には、6 項目の回想にまとめた張清庚牧師の手紙 (2001 年 8 月 25 日付け) があるが、そのなかで『美麗島』事件に関係した 2 点を要約的に翻訳してみる。

(1) 私が総会議長として第 27 回総会を開催したときは、高俊明総幹事が逮捕入獄した直後で、台湾基督長老教会と政府の関係は非常に緊張したなかにありましたが、私は教会公報社理事

長を兼任していたため、ほとんど毎週、警察や国民党の関係者に呼ばれました。情報機関は教会公報の言論主張に対して深い不満を抱いており、公報の改組を要求したり、また硬軟とりまぜた方策で、政府の政策に屈服させようとしましたが、当時私はキリスト教の信仰の立場に立ち、教会全体のことを見渡して、政治的圧力を拒否せざるをえませんでした。

（2）情報機関に付き合わされたほかに、教会へはちょっちゅう、脅迫や罵倒の電話がかかってきました。そのなかには教会の先輩を名乗るものもいたし、名前もいわずにどなりちらすばかりのものもいました。総会議長の任期中このような状況のなかで過ごしましたが、当時の緊張は、今日からは想像もつかないくらいでした。

5. 同志社と同志社出身牧師の関係

　以上、戦前日本統治下における陳渓圳の活動と、戦後の『美麗島』事件に関わって鄭児玉・荘経顕・張清庚3名の活動を対比的に見てきた。実は、同志社は組合派教会に属していて、台湾の長老派とは教派を異にしている。だから台湾長老教会の牧師養成は、直属神学校（台南神学校・台湾神学校）か、日本神学校、明治学院、フェリス学院など長老教会系を経由するのが本筋で、同志社は傍系に属しているのである。にもかかわらず少数の同志社出身の牧師たちが、戦前と戦後の台湾長老教会において指導的位置にあったということは、注目する必要があるかもしれない。

　戦前の中核的位置にあった陳渓圳の活動パターンと、戦後70年代以後主として社会的運動に重点を置いた3名の同志社出身の

牧師の活動パターンは、一見対立的に見える。

　日本統治下の皇民化政策のなかで、長老教会が危急存亡のきわに立たされたことは疑いがない。日本の政策に従属しながらその存続を図るのか、あるいは徹底抗戦のなかで滅亡の道を選ぶのかという二者択一が選択肢として残されたなかで、陳渓圳の役割はその日本に関わる人脈と知識を最大限に利用して、長老教会の存続を計ることになった。日本権力の集中点である台北で、長老教会の中核勢力を有した北部教会が激突した結果は、北部教会の権限を全面的に日本へ移譲するということであった。日本への全面屈服を迫られたなかで、陳渓圳はその信仰をまもるために、柔軟で妥協的な方法で戦ったと考えるべきであろう。

　一方、戦後の台湾は、なくなった日本の統治の替わりに、外省人（中国人）と本省人（台湾人）の対立という問題が生じ、長老教会内部にもその影響を抱えることになった。本省人としての同志社出身の牧師たちは、激しくなる政治対立の激化のなかで、反政府という選択肢を取らざるを得なくなったのも必然だったかもしれない。お互いに意識しあったことのない同志社出身の3名の牧師達が、70年代以後の台湾民主化運動において、期せずして一致した行動を取るにいたったのは決して偶然とは思えない。それは彼らの本省人知識人としての立場がそうさせたといえるが、そこには同志社のリベラルな校風が間接的に関わっていたと見ることが自然だろう。

　荘経顕牧師は「同志社は先生方から私にとっては社会公義に対して目を覚ましてくれたのみならず、同窓の陳渓圳、鄭児玉、張清庚君とともに社会国家に関心を持つ伝道者たらしめたことを信じております。此春寮の寮生は戦時中の神学院時代とは全く変

わった好い面でも悪い面でも私に大きな益を与えてくれました。特に教会政治のみでなく社会正義や一般政治面に対して何が正しいかを教えてくれたと心から感謝しています。」(2001年9月3日付け手紙)と述べているが、ここで「社会国家に関心を持つ」、「社会正義」「社会公義」という名詞は、"リベラル"という言葉で括れるような、ある種私的利害を超えた"社会的な公憤"が彼らの共通した基盤であったことを意味しているように思える。

もう一人の牧師――戴伯福

　実は最後にもう一人、戴伯福牧師(1914年～1995年)の名をあげておくべきだろうか。彼は淡水中学から同志社中学に編入(1931年～1933年)している。その後、1943年には東亜経済専科学校を卒業して、しばらく台湾総督府財政部の塩務総局で働き、キリスト教に奉仕することを決心して、1955年からは台南民族路教会、さらに1961年からは台北の艋舺教会で牧師を勤めあげた。その間、台南中会や台北中会の議長、台南神学院講師、台湾女子神学書院教授、世宣国際神学院教授、淡水工商学院理事及び教授などを歴任している。その経歴から見ても、政治的社会的問題に直接参与するタイプではないが、時事や政治に全く無関心というわけではなかったようだ。家族はこれに関して具体的な証言を残している。

　　彼は国家の出来事に関心をよせ、いつも日米専門家の時事報道を収集し、話のなかでもよく次のように述べていた。"台湾の将来は、理想と実際の中から最も適合した道を探し求めるべきである"と。また政党政治の発展や、当時の党内外における

政治人物の思想については、非常な興味を持って研究していた。とりわけ台北の交通問題に関しては、30年前にすでに（1）萬華から台北への鉄道が交通最大のネックになっており、取り除いて路線変更すべきで、汽車は板橋から台北に入る前に、淡水河に沿って第9水門を通ってから台北駅にはいるべきだ。（2）もとある歩道の上に陸橋を作る構想（この数年に台北で作られた地下鉄にかけられた陸橋がこのモデルである）など、その見解は独創的で、先見性に富んでいる。（「略歴外的1章」『主僕戴伯福牧師　教会葬安息礼拝』）

戴伯福牧師は、現実の政治に無関心でただ信仰に生きていたわけではないことがわかるが、ただ彼にとっての政治とは人々の日常生活に関わる、非常に具体的な問題にあったということである。

私は戴伯福牧師の消息を、京都宇治市在住の林茂宏牧師（1945年〜）から示教いただいた。林牧師は台南の長栄中学を中退して来日し、その後同志社大学工学部化学工学科・大学院修士課程（1967年〜1973年）を経て、京都大学の博士課程に進んだが、卒業後は台湾教育界からのさそいを断って、牧師の道を進んだという異色の経歴の持ち主である。現在は京都宇治市大久保に3階倉庫を改造して「国際シャローム・キリスト教会」を自力で建設し、そこを拠点に精力的な活動を行っている。外見の質素さとは対比的に、豪華な紫檀でしつらえられた礼拝堂で祈りを捧げた後、彼は私に自分の経験を率直に語ってくれた。それによると、自分は個人として台湾に関する政治的立場や見解を持たないわけではないし、鄭児玉や張清庚・荘経顕たちと認識がそう異なるわけでは

ないが、それを表面にだすことはしない。むしろ「相手の立場になりきることが布教の前提だから、社会的正義で対立や排除を生みだすのは神の道に反する」というのである。林茂宏牧師の話は、私にとって非常に示唆的であった。恐らく陳渓圳・戴伯福と鄭児玉・張清庚・荘経顕にある態度の違いの背景には、"台湾と民衆"のためにという点で共通項を見いだすことができるように思うが、しかし一般民衆に根をおろし、社会的に大きな存在となっている朝鮮のキリスト教と比較すれば、医学界や教育界を中心に、都市部の富裕層・高級知識人層を支持母体とする台湾長老教の限界性という問題を指摘しないわけには行かない。

第5章　戦後台湾各界の同志社出身者たち

　戦前に同志社に学んだ大量の台湾留学生は、帰国後どのような道筋を辿ることになったのか、あるいは戦後台湾の社会においてどのような"層"を形成しているのだろうか、ということは今後の興味ある研究テーマとなるだろう。本章では台湾留学生を校友会や各界における代表的な人物を追いながら、台湾社会における同志社留学生の位置をはかってみたい。

1. 校友会台湾支部の活動

　昨年、高雄のホテルに宿泊した際、フロントの壁に「早稲田大学同窓会支部」のプレートが掛かっていて、留学生の同窓会組織が活動していることを確認したことがあった。現在台湾には同志社の同窓会組織も存在していて、名称を「同志社大学校友会台湾支部」という。この何十年にわたって、毎年秋に20名程度の規模で年次総会が開催されており、40名ほどの会員数で運営されている。そのほか日本人卒業生の在台湾メンバーによって「台湾同志社クローバー会」が1994年に結成され、会員数27名によって運営されているという。しかし考えてみれば、戦前だけで700名を越える留学生がいたことを考えると、その規模はいかにも小さい。その背景には、台湾独特の事情が隠されているようだ。

　私は、2000年9月10日、台北で開催された同志社校友会台湾支部50周年総会に参加したが、陳誠志支部長は同窓会創設当時

の苦労話をまじえて次のような開会挨拶（日本語）を行った。以下その一部を引用する。

　今宵は誰方様もが、溢れるような、喜びに浸っており、気心までも、晴れやかで、清々しいこのひととき、茲で躍進して止まない母校同志社の創立125周年を記念し、弛まず後を追いかける校友会台湾支部の、50周年を迎える祝賀の集まりが催されるに当たり、幸い皆の恩恵で、斯くも壮大に遂行できましたが、もしか不行き届きの件多々おありのところは、篤とご勘弁のほどを幾重にもお詫び申し上げます。さて、戦後中国軍が大挙、台湾へ進駐して、前後38年に亘り、戒厳令を施いた当初、校友たちは厳しい弾圧に堪えて、集合はホンの僅かでした。何年か後、緊急に迫られた挙げ句の果て、とうとう意を決し、全島に呼びかけ、やっとこさで、1951年支部長がない侭、台湾支部が出来上がりました。というのは、その頃は、物騒な世の中で、凡そその団体当事者は睨まれ役でした。とりわけ同志社は読んで秘密結社と感違われるのがたたって、何人も躊躇して就任しなかった。そして、七年目に、やっとのことで、見付けだした台北医院長高天成先輩は、何はともあれと、潔く引き受けられた。さてこうして長い年月が過ぎ、数多の、骨折りを共にした連中の、小生だけが、今だに元気で、華やかな晴れのステージを、上がってお話が出来たことに、思いを致すとき、万感胸に迫るやるせない心情に駆られます。それが故、私たちは母校同志社が曽て惜しみなく授け、この地で念入りに播いた種を、もっと美しく実らせるために、校友諸共、心を一筋にし、掛け合って行かねばならない、使命感を保ちながら邁進してい

きたいものです。

　その後頂いた陳誠志の手紙で補足すると、1951年に同志社校友会台湾支部同支部として新公園前喫茶店2階で発足大会を開き、1962年に事務所を正式に台北市中山路2段25号2楼に設置したが、日台の国交断絶（日中国交回復）もあって、1979年11月には、名称を同志社大学校友会台湾支部に改称したという経過をたどっている。そして、奇妙なことに同窓会の網羅的な名簿が作成されていず（陳誠志は300名を網羅する個人的メモを作成している）、常時参加者の37名のみの名簿しかないというのも、当初当局の弾圧を恐れてのことが影響していることもわかってきたのである。このような社会的政治的危険を犯しながら台湾支部長を引き受けたのはどのような人物であったのだろうか、次に同志社同窓会の4代にわたる支部長の経歴をたどりながら、彼らの人物像を浮かび上がらせてみたい。

高天成（初代支部長）

　陳誠志の挨拶にあったように、51年に支部長の引き受け手がないまま発足した同窓会は、1958年に高天成が初代支部長を引き受けることよって正常化される。高天成はその後1963年まで支部長の職にあったが、病気で辞任した翌年の1964年8月13日、享年59才で逝去している。
　私の学籍簿リストによると、高天

写真27　高天成

成は1904年12月12日、台南州清水街に生まれ、その後、長老教中学（1915年入学）から同志社中学（1917年4月～1921年3月）、第1高等学校を経て、1938年、35才の時に東京帝国大学医学部（医学博士）を卒業するという、同志社における台湾留学生の典型的パターンをたどっている。戦後は、台湾で台湾大学附属病院の外科につとめたが、杜聡明博士は彼を「台湾外科医学の父」と呼ぶほどで、1953年には台湾大学付属病院の院長となり、台湾医学界の最高の権威となった。

　高天成は台湾長老教会との関係も深い。祖父の高長は、台湾でキリスト教の布教と医療活動に従事したマクスウェルに仕え、台湾最初期のクリスチャンとなり、彼の子孫はすべて医師か宣教師として活躍することになる。戦後の長老教教会総幹事の地位にあり『美麗島』事件で逮捕された高俊明はその孫で、高天成とは従弟の関係にあった。一方、高天成の夫人・林関関は、台湾5大家族の一つだった霧峰林家出身の林献堂の一人娘で、東京淑徳高等女学校を卒業後、さらに日本女子大学で勉学を続けている。林献堂は戦前に「台湾文化協会」を創設したり、台湾議会設置の請願運動をしたり、戦後も二・二八事件に関わって日本に逃れるなど、台湾民族運動家のリーダーであった。

　高天成が初代支部長を引き受けることができたのは、上に見たように宗教と医師の家系で政治とは距離があったこと、そして国立病院院長という社会的地位があったこと、という2条件をクリアできたからだと考えられる。（写真27）

林金殿（第2代支部長）

　第2代支部長の林金殿は、1910年4月26日に生まれ、本籍は

高雄州鳳山郡大寮庄翁公園962となっている。同志社校友会台湾支部長には1965年から1977年まで在任し、1978年12月29日、享年68才で逝去している。

　学歴を見ると、長老教中学を1924年に入学し、その後同志社中学を経て、1930年4月に同志社高等商業学校に入学する。その後九州帝国大学に進学してそこを卒業している。陳誠志の手紙によれば、「林金殿氏は終戦後小生と相携えて同志社人の寄り集まりに最も尽力を惜しまなかった中心人物でした。彼が経営していた甘露寺餐庁は台北市中山北路2段27巷で、小生の会社台湾電気企業行の台北市中山北路2段25号から入り込んだ横町にありました。片方台北ロータリークラブの会長として活躍なされました」とある。いわゆるレストラン経営者ということになるが、のちに台北市政府秘書になっており、それが公式の肩書きのようだ。(写真28)

写真28　林金殿（左）と陳誠志（右）（須田一彦氏1963年撮影）

朱江淮（第3代支部長）

　第3代の支部長朱江淮は、1904年5月4日台中州大甲郡に生まれた。1980年7月から1985年12月まで支

写真29　朱江淮

部長を担当したが、1995年4月13日、享年90才で逝去した。

彼は1918年に公立大甲公学校をトップの成績で卒業するが、死体の解剖が恐くて、総督府台湾医学校への進学を断念して、結局淡水中学から1920年9月に同志社中学3年次生に転入する。3年間同志社中学で勉学の後、1923年3月には九州の佐賀高等学校（第15高）に進学する。そして1926年4月に卒業と同時に、京都帝国大学工学部電気科に入学したのである。彼の妻李瓊梅は、1923年に同志社高等女学部に入学した同郷の女性で、1927年に彼女が卒業すると、故郷大甲の基督教長老会教会で結婚式を行った。

大学を卒業後しばらくは、大阪・京都を配電地域とする日本電灯株式会社に勤務したが、1930年5月からは台北の台湾電力株式会社へと移り、その後40年にわたり台湾電力事業の発展のために尽力した。

その後は、台湾電力公司業務処営業課課長、台湾省科学振興会理事、台湾高級商工職業学校理事を、又戦後は台湾省政府建設庁長を経て行政院顧問、中日文化経済協会幹事長、行政院顧問、中日文化経済協会理事、国営台湾肥料公司理事長を歴任するなど、台湾人（本省人）のなかでは珍しく経済界の重鎮となった。また朱江淮はキリスト教との関係も深く、淡水中学時代にマカイ校長に影響を受けて受洗し、台北市東門基督教会で長老を20年間、さらに北市済南路教会で長老を20年間勤めあげている。（写真29）

陳誠志（第4代支部長）

第4代支部長の陳誠志は、1984年から2001年9月まで実に17年にわたり支部長職にあったが、同志社校友会台湾支部の発足

後、事務関係など裏方の仕事の一切を仕切ってきた、生き字引的存在といってよく、台湾支部も彼の会社に置かれた。学籍簿によると、1916年11月28日生まれで、本籍は台湾の新竹州桃園となっている。学歴を見ると淡水中学から同志社中学を経て、1936年4月に同志社高等商業学校に入学している。同校卒業後は、台湾に帰って家業の日本食料品雑貨輸入元卸問屋である桃園物産商会を経営する一方で、台湾日日新報記者や、南亜化学工業や新高製粉などの代表取締役、桃園郡小売商統制組合参事などを兼任し、終戦後は新竹県商業会常務理事、桃園県商業会理事長、台湾省商業会連合会理事、桃園物産進出口行社長、台湾電気企業行理事長などを歴任している。

　ところで陳誠志には政治的経歴もあり、戦後は中国民主社会党（略称民主社会党）で活動を続け、同党の中央常務委員（現在まで20余年間）、台湾省の主任要員（18年間）、中央主席団主席（4年間）、中央選挙委員会桃園県委員（20余年間）などを歴任している。

　蒋介石体制の戒厳令時代には、国民党のほかに、民主社会党、中国青年党の2党しか政党が許可されなかったが、そもそも民主社会党は、もと国家社会党として大陸に誕生し、1946年に民主憲政党と合併して社会民主党となり、中国民主同盟に参加した経過がある。その主張は、民主主義的政治と社会主義的経済による国家再建で、国民党独裁に反対するとともに、共産党に対しても軍事行動の停止を要求する中道的な立場にあったが、国共内戦が始まると次第に国民党側に足場をずらし、1949年冬には国民党とともに台湾に移った。戦後台湾における国民党"一党独裁"の状況下において、同党は実質的に合法的反体制政党としての性格を

担わされ、そのため陳誠志が関わった同志社校友会の活動も政治活動と同一視された可能性がある。

2. 各界の同志社出身者たち

上では同志社校友会に関わる人物を取り上げてきたが、ここでは少し範囲を広げて台湾社会各界における同志社出身者を幾人か取り上げて紹介してみる。

廖文毅（政界）

戦後反政府活動家として、また「台湾共和国臨時政府総統」として台湾の政治社会に衝撃を与え続けた廖文毅の家系は、一族から7名（行生、温仁、文奎、文毅、温正、温進、史豪）もの同志社出身者が輩出するという、典型的な同志社ファミリーであった。

彼は1911年3月22日に、雲林県西螺の地主の家に生まれたが、西螺公学校及び淡水中学を卒業後、1925年に渡日して同志社中学に入学した。

写真30　廖文毅

そして、1928年に卒業と同時に、兄の廖文奎（同志社中学から金陵大学を経て、アメリカシカゴ大学で博士学位を取得し、のち中央政治学校、中央陸軍軍官学校、金陵大学などで教授を歴任する）を頼って、南京の金陵大学工学院機械系を卒業後、上海

天章製紙公司で技師となり、さらに1932年にはアメリカミシガン大学で修士学位、オハイオ州立大学化工研究所で工学博士学位を取得するなど、特に製糖工業に関する研究を進めるが、蘆溝橋事件以後は、中国軍政部兵工署上校技師正、国立浙江大学工学院教授、軍政部兵工署上校技師などを歴任している。そして1939年に父親廖承丕が死去すると、台北で兄の廖文奎と共同で会社を興し、廖文毅は大承信託会社の社長となる。

　台湾光復後、廖文毅は技術者として、幾つかの機関で接収工作にあたるが、次第に政治活動にめざめ、「台湾民族精神振興会」や「自治法研究会」を立ち上げたり、政治評論誌『前鋒』を創刊し、社論上で陳儀の失政や役人の特権意識を鋭く批判し、政治革新の主張を展開した。そして1946年8月～9月の国民参政会の選挙に出馬したが、落選の憂き目にあってしまう。

　その後1947年、二・二八事件犠牲者の救済活動にあたったが、逆に台湾警備司令部によって「反乱嫌疑」をかけられたために、香港に避難して「台湾再解放連盟」による台湾独立運動を起こしたが、その後舞台を東京に移して「台湾民主独立党」を結成してその総裁となる。そして1955年には「台湾臨時国民議会」を成立させ、翌年には「台湾共和国臨時政府」の成立を宣布し、その大統領となった。

　廖文毅の運動は、当初日本在住の台湾人の強い支持を得たが、内部分裂などのために次第に支持を失っていき、台湾政府はこれに対して、親族を人質に取って帰国を強要すると、廖文毅は1965年5月14日に、ついに投降して帰国してしまう。蒋介石は彼を特赦し、各種の役職を与えて待遇する一方、その"転向"と台湾独立運動の消滅を大々的に宣伝した。こうして廖文毅の政治生命

は完全に絶たれたまま、1986年5月に病没する。享年75才であった。(写真30)

柯子彰（スポーツ界）

　スポーツ界も同志社の影響が強い分野である。陳清忠の後輩であった柯子彰は、中学から大学時代を通して、日本を代表するラグビー選手として大活躍した。彼は1910年に台北大橋頭に生まれ、8才の時に父に従って中国福州に移り、日本人経営の学校「福州東瀛小学」で学び、14才で同志社中学に入学した。

　柯子彰が在学中、同志社中学のラグビーは、全日本で9回のうち7回優勝するほど強豪だったが、柯子彰

写真31　柯子彰

の強健な身体は入学当初からラグビー部に注目され、2年生から入部した。そして5年間の中学時代に主将を4年間務め、日本全国中学ラグビー大会に参加し、連続3年間の全国優勝を成し遂げたのである。

　ラグビーで頭角をあらわした柯子彰は、卒業後早稲田大学の商科に入学し、同大学のラグビー部で重要なポジションを受け持った。そして大学4年、5年生の2年間にわたり、早稲田大学ラグビー部の主将となり、2年連続で全日本大学ラグビー大会の優勝を勝ち取った。日本のジャーナリズムは彼を「天才選手」、「台湾からやってきた奇才」とたたえ、またある日本のラグビー批評家

は「柯子彰の前に柯子彰なく、柯子彰の後に柯子彰なし」との言葉をもって彼の天才ぶりを形容したほどだった。1934年、柯子彰は大学を卒業すると、彼は中国東北の「満鉄」（南満州鉄道株式会社）に就職し、ラグビー普及のために積極的に活動し、南満、大連、撫順、ハルピン、吉林、牡丹、瀋陽、錦州など各地にラグビー部を創設し、その興隆のために貢献をした。

戦後は故郷の台北に戻り、鉄道局に職を求め、英国留学経験者でラグビーファンであった局長の陳清文の協力を得て、ラグビーの再興のために奮闘した。（写真31）

柯子彰は同志社中学時代の思い出を「試練に堪えた中学の思い出」（『同志社ラグビー70年史』）でつぎのように述べている。

　今より60年前、僕は同志社中学に入学して北寮で生活した。まさかラグビーをやるとは夢にも思わなかった。

　当時のラグビー界では、関東の慶応位いがチームらしいチームであった。関西方面では特に京都が中心で、京大・三高・一商・同志社等が盛んに対抗ゲームを行っていた。それに同志社中学は全国大会で殆ど優勝を獲得していたため、学校当局も学生達もラグビー熱が旺盛で、特に学生達はお金を出しあってボールを買い求め、練習やクラス対抗ゲームで盛んに楽しんだものです。北寮は丁度上立売グラウンドの前で地理的に恵まれ、放課後の夕食迄の時間を利用しては、よく皆と練習やゲームの真似事をやった。そんな環境で僕もラグビー部に入り、OB連からいろいろな基本動作を教えられた。しかし堪えられないぐらいの猛練習で何回となく止める積りもあったが、皆が堪えられるなら僕も堪えて行こう。これも人生の試練であると

反省しつつ中途退部を思いとどまった事は本当によかったと今でも思っている。

ご承知のように当時のグラウンドは堅くて石塊が多く、ラグビーの靴は今のと異なって革のスパイクを靴の底に釘で打ちつけたのを履くので、地面が堅いため革が擦り減って、釘が靴底を突抜けて、足裏が釘で穴だらけになり、また大学と常に練習マッチをやり、タックルをやりそこなうと怒られるばかりでなく、堅い地面で腰を擦りむくので所謂「ビフテキ」がシーズン中癒ることがなかった。又風邪などで熱があっても、走れば汗がでるから癒るのだと絶対に休めなかった。

今から考えると、よく堪えられたと思う。然し若い時は疲労回復も早く、はげしい練習や、苦しい思いに耐えられ、経験豊富な先輩の指導を率直に受け入れ、同僚同士相互励みあう精神を涵養することに努力すれば、必ず社会に貢献し得る一員となり得ると信ずる。そしてその精神を鍛え得るには、ラグビーしかないと信ずる。

最後に同志社ラグビーの益々の御盛展を心から祈り続ける。

同志社の関係者として、ラグビーを台湾へ最初に導入したのは陳清忠だが、台湾のラグビー団体創設者として李明家をあげねばならない。李明家は1894年に屏東に生まれ、1913年に同志社中学を卒業している。帰国後は医師となり、かたわらラグビーの普及に生涯力を注いだ。柯子彰はいわば彼らの後輩に当たるが、これら三名は台湾ラグビー界の三羽烏ということが出来よう。

呉基福と李克承（医学界）

　同志社出身者は医学界において影響力が極めて大きいことはここで指摘するまでもない。その代表格である高天成のほかに、ここでは呉基福と李克承の2人を紹介しておきたい。

　呉基福は1916年10月12日生まれで高雄出身である。長老教中学を1932年に卒業してから、同志社中学に入学し1934年3月には卒業している。その後日本医大に学び、医学博士を取得している。長兄の呉新居も同志社大学法学部予科をでていて、いわば台湾の同志社ファミリーのひとつといえよう。帰台後は基福眼科医院を開業しその院長として活躍し、長栄高級中学では第7～12代の理事長を歴任した。

　もう一人の李克承は、1909年新竹北門に生まれた。6才にして父を失ったが、新竹第1公学校を卒業後、淡水中学に学び、その後同志社中学部に転入し、卒業してからは佐賀高等学校の理科を経て、長崎医科大学に入学し、卒業後はそのまま内科講師として留まる。1939年には糖尿治療の研究によって博士学位をとったが、1945年には故郷の台湾新竹にもどり新竹内科医院を開設し、以後50年にわたって開業医を続け1986年に死去する。呉基福と李克承の2人が、高天成のあとを受けて中華民国医師公会連合会理事長（日本医師会に相当する）を歴任したことは、その権威と影響力を示すものである。

郭頂順（実業界）

　ここで実業界で朱江淮とならんで活躍した同志社出身者としてもう一人――郭頂順を挙げておこう。彼は1905年9月6日台中市に生まれ、淡江中学を経て同志社中学に留学し、1924年に同

志社大学法学部経済学科に進学し同30年に卒業した。帰台後は、中央冷凍食品公司、高雄汽車企業公司、中台印刷廠公司など10数にのぼる会社の経営に携わる一方、淡江文理学院理事長や東海大学理事などの文教関係や、多くの音楽美術芸術団体、慈善事業、福祉事業まで幅広い活動を行った。また、熱心なクリスチャンとして、長老教会長老、真耶蘇教会台湾総会理事長を長期にわたって務め、1979年6月8日享年73才で逝去した。

　以上、各界における同志社出身者を紹介してきた。他に台湾各界で活躍したものに人見次郎（台湾総督府総務長官）、後宮信太郎（台湾煉瓦株式会社社長）などの日本人や、林樑材（中国大陸で革命家となる）、林澄沐（医師・テノール歌手）など、取り上げたい人物も多いが紙数の関係でこのへんで止めておくことにする。

終章　血縁・地縁とキリスト教国際主義

　これまで同志社の台湾留学生をさまざまな角度から紹介し分析してきたが、社会的強制という理由があったにせよ、戦前に700名を超える台湾の学生が同志社の学園に留学していたことは驚異的な事実である。だが彼らが帰国後に受けた処遇については、若干の留保条件をつけざるをえないだろう。医学界、スポーツ・音楽界やキリスト教界における活躍の姿は顕著であるけれども、二・二八事件犠牲者の多さに見るように、悲劇的な境遇に陥った政治・宗教・教育の関係者も少なくなく、政治経済を中心とする社会全体を見渡せば、マイノリティの立場に押し込められてきたように見える。これは戦後ほぼ同じ環境下におかれた韓国での同志社留学生の境遇とは対照的であるといえよう。例えば金泰成「同志社とコリアとの交流──戦前を中心に」は、韓国における同志社出身者の社会的活動状況を簡潔にまとめている。

　　講演は、年表をもとに第2次世界大戦まで日本の支配下にあったコリアとの関係から話をされ、日本の植民地政策は他国の植民地政策とは違い、朝鮮文化を破壊するものであり、留学生は反日感情を抱きながら来日し、民族差別と特高・刑事による弾圧、特別志願兵という困難な状況で留学していた歴史的背景を話された。
　　同志社とコリアとの交流については、「朝鮮近代文学の同志社人」「大学設立者」「大学総長・大学院長・大学長」「学界」「教育界」「産業・経済界」「スポーツ界」に分類した100名に及ぶ

リストを資料的に紹介され、呉相淳氏、金末峰氏、鄭芝溶氏、金換泰氏、尹東柱氏などの文学者を始めとしてソウル女子大学設立者の高鳳京氏、元国務院総理の朴忠勲氏、李漢彬氏、韓国海運業の創始者である王相殷氏、大韓ラグビー協会初代会長の張萬玉氏など多数の著名人と同志社との係わりを、親交のあった上野直蔵総長、田畑忍元大学長、松山義則総長など先生方との交流やエピソードを交えて話された。

韓国の戦後社会における政治・経済の混乱や、日本の統治時代に対する拒否反応から、同志社出身者たちもその経歴による被害をこうむったはずである。しかし現在、彼等が政治経済から教育文化にわたる社会の各分野で、100名に及ぶ指導層を形成して活躍している状況と比較すれば、台湾の同志社出身者たちの逆境は明らかであろう。大陸からやってきた国民党が政権を握り、外省人によって政治や経済の中枢が占有され続けたことは、本省人の政治経済分野からの疎外をもたらした。同窓会が、支部長になり手がない、名簿の作成もできないという、一種秘密結社を思わせるような活動を迫られたことは、台湾社会の閉鎖性を象徴しているが、しかし他方で「宗教」・「医学」・「血縁」・「地縁」といった複雑な要素がからみながら、同志社のネットワークが形成されていったことにも目を向ける必要があろう。

同志社の学籍簿リストを見てみると、本籍地が同じで姓名の一部を共有する留学生が多いことに気がつく。例えば西螺七嵌の廖姓（廖行生、廖温仁、廖文奎、廖文毅、廖温正、廖温進、廖史豪）や、清水鎮の蔡姓（蔡卯生、蔡江寅、蔡美楚）、屏東の李姓（李明家、李明道、李瑞雲）、台南の林姓（林茂生、林讚生）、台南の

劉姓（劉青雲、劉清風、劉彩仁）などなどがそうだが、それらのほとんどは兄弟姉妹か、親戚の関係であって、いわば家族ぐるみ親戚ぐるみで日本の同志社にやってきたことになる。その意味で台南の劉青雲家は一つの典型として挙げることができるかもしれない。そもそも劉青雲の父親劉瑞山は台南で雑貨店「和源商行」を経営することで名をなしたが、宗教や子女の教育にも関心が深く、12人の子女すべてに国内外の大学教育を受けさせたほどであった。これは当時の台湾においては極めて異例といえる。その長男の劉青雲は1910年から1915年にかけて、同志社普通学校で学び、卒業後は慶応義塾大学理材科に進んだ。また彼から1年遅れて同志社普通学校に入った清水県の蔡孟鑫は、のちに彼の妹婿となったし、台北の李婉然（1933年同中卒）は彼の4番目の妹秀満と結婚した。或いはまた同志社出身者同士が直接結婚する場合も少なくなく、例えば上掲の朱江淮・李瓊梅夫妻のほか、黄文苑（1921年同志社中学卒）と邱淑雲（同志社女子専門学校）、林金殿（1933年同志社高等商業学校）と林愛生（1935年同志社女子専門学校）、施金水（1941年同志社大学卒）と施留津（1940年同志社高等女学部）などがあげられる。同志社の出身者は、留学生同士の結婚、留学生の兄弟姉妹との結婚、あるいは仲人やお見合いを通した結婚など、様々な形式を通して、次第に血縁（閨閥）の全国的なネットワークを確立していったのである。

1. 宗教・医学をつなぐ血縁

　台湾医学界の発展が、カナダのマカイ博士などの伝道医療を直接の淵源としていたことは、同志社出身の医師（高天成・呉基福・

李克承)たちが、いずれも長老教会の長老としても重要な役割を演じることにつながっており、医学界とキリスト教が、血縁を通して関係づけられていたことを知ることができる。その具体的事例を以下に示してみたい。

高天成・高俊明・廖文毅・林献堂にみる血縁関係

台南の名家である高家は、その子弟の多くを男子の場合は医学を、女子の場合には音楽(声楽)を学ばせている。長老教会総幹事であった高俊明(『美麗島』事件で逮捕された)は、この一族の高長の3子(高再得)の子供だったが、高天成(同志社出身)は同じく4子(高再福)の子供で、従弟の関係にある。また高天成は、台南の名家である霧峰林家と姻戚関係を結んでいる。一方、廖文毅の妻も林烈堂の娘で同じく林家と姻戚関係を結んでいる。ついでにいうと台湾民族主義運動家の林献堂はこの林家の出身である。というわけで、宗教家高俊明、医師高天成、政治家廖文毅、民族運動家林献堂が姻戚という関係でつながっているのである。

陳渓圳・陳能通・柯設偕にみる血縁関係

さて、こんどは陳渓圳を例にあげてみると、彼の2人の妹のうち、上の陳金英は産婦人科医の彭清靠と結婚したが、彼はのちに双連教会の長老、淡水工商専科学校の最初の校長となったし、その第4子彭明敏は、台湾大学法学部教授で、台湾の民主運動家の一人となっている。その彭明敏の祖父にあたる彭士蔵は長老教会の牧師で、彭明敏の伯父である彭清約と彭清良及び父親の彭清靠は医師でいわば医者一家に生まれている。陳渓圳の下の妹である

陳金枝は医師の郭天恩と結婚し、その子・郭俊雄は長老教会の財務長となった。彭明敏の兄は台南「寿生医院」の医師呉秋微の娘を娶ったが、その呉秋微は高長の女婿であり、高俊明とは伯父の関係にある。一方、陳渓圳の夫人蕭美妙は蕭安居の娘であり、3女蕭美徳は柯設偕（同志社出身・淡水中学教師）と結婚し、4女蕭美懐は陳能通（淡水中学校長）の夫人となり、血縁で結ばれている。これらは淡水中学（同志社）系統で閨閥を結んでいる。ここでは、医師・宗教・教育が姻戚という関係で結びついているのである。

2. 地縁——同志社ブランドの源泉

村落が血縁と密接につながっている台湾では、血縁は必然的に地縁（地域性）へと結びつくことになる。学籍簿リストの本籍地の項を見てみると、出身地域による濃淡や、集中という現象が存在するが、ある地域においては村の有力者の血縁と結びついた「同志社閥」が存在している場合もあるようだ。

現在校友会台湾支部長として活躍している蔡有義は、彼の同志社留学の動機が郷土の"同志社ブランド"にあると、かつて私に語ったことがあるが、彼の体験は"同志社と地縁"の関係を見るための事例となるかも知れない。

蔡有義は、1956年7月11日という戦後生まれ、1985年の同志社大学商学部卒業生で、現在は新竹で宝石商を開業しているが、彼の郷土は台湾中部の台中清水県である。この地は、戦前に林献堂とならび民族運動家として名をなした蔡恵如（1881〜1929）の出身地としても有名であるが、もともと蔡家の先祖蔡八来が起こ

した船会社「蔡源順」が、清水鎮で台湾名産の樟脳を扱う海運事業で名をなした。このため蔡家は外国事情にも明るいキリスト教の信者として地元では大きな影響力を持っていた。清水長老教会は1917年に落成したが、蔡介和の用地提供や建設への協力によって完成したという。そして、この清水長老教会の牧師たちの推薦によって、蔡介和の3人の息子たちは、同志社中学に留学することになった。そのうち長男の孟鑫は、同志社中学を経て京都府立医学専門学校に入学し、卒業後は東部花蓮で病院に医師として勤め、また次男の仲挙は教会の牧師となっている。

一方蔡介和の従兄弟であった蔡江寅と蔡卯生たちも、台中1中から同志社中学へ、さらに同志社大学へと進み、そのうち蔡江寅は、戦後に清水鎮農協常務理事、総幹事を歴任し、また台中県議会の議員を8期26年にわたりつとめあげ、いわば、地元の名士として活躍したのである。ちなみに、蔡江寅の県議会議長時代に副議長を勤めた黄演熾も、同志社大学の出身で、その兄弟たちも同志社に留学した経歴を持っている。一方蔡江寅の弟・蔡卯生は、台中1中から同志社大学予科を経て大学法学部に学び、その後生母の逝去により、家業を継ぐために中途退学して帰国した。その後長期にわたり清水鎮の鎮長、大甲の水利組合の組合長を歴任したという。

こうしたわけで、蔡家・黄家といった同志社ファミリーは、議会、農協、水利組合といった清水鎮の中枢部分を握っていたために、この地域における同志社の知名度が極めて高かったことが想像できる。

興味深いのは、清水鎮には蔡家と並んで楊家があるが、その出身者楊肇嘉は早稲田大学出身で、台湾民族運動のリーダーとして

活躍し、台湾省政府の民政庁長となっている。戦後初期から60年代にかけて、蔡卯生と楊肇嘉の2人は、清水鎮の代表的な人物であったが、同志社と早稲田という校名は、こうした村の歴史や有力者と密接に繋がり、人々の記憶に刷り込まれているのである。

　これに類した事例は、調査の対象を拡大すれば、台湾の他の地域でも探しあてられるに違いない。植民地台湾において、同志社のイメージは、キリスト教・医学・スポーツ・音楽といった、近代的メルクマールと結びついていたことは確かだが、他方では一見封建的な村落のレベルにおいても、血縁・地縁といった要素と結びつき深く根を下ろしていることが理解できるだろう。

3. 国際交流の課題と今後の方向

　戦後同志社大学は、戦前の歴史を基盤として、6学部体制を確立させ、2万名を超す学生数を擁する大規模大学へと変貌していくが、そのなかで留学生の受け入れなど国際交流も飛躍的な拡大を遂げることになった。『2002大学案内』（同志社大学広報課）の"世界を呼吸する"の項には、「たくさんの外国人留学生が同志社大学のキャンパスで学んでいる。アメリカの市井の人々から受けた1ドル、2ドルに始まり、海外から寄せられた幾多の好意によって支えられ成長してきた同志社は、建学当初から世界に開かれていた。1世紀をはるかに超える国際的な結びつきは、世界（19カ国）55大学と協定を結び、留学、海外研修、国際交流を進めるなど、さらに広く、さらに深く成長している」と、活発化する国際交流の具体的状況を紹介している。確かに、文部科学省の"10万人構想"を持ち出すまでもなく、"留学生"は国際交流の重要

なキーワードとなっていて、その量的拡大と質的充実は各大学において緊急の課題となっており、抽象的なスローガンのレベルで留まることが許されないのは自明であろう。しかし現実はどうなのだろうか、ちなみに、現在の同志社大学の留学生の実数を国際課作成の資料から、年度別入学者数の推移を表にして示してみた。(図13)

図13　最近の国別留学生数の推移

国籍	1992	1993	1994	1995	1996	1997	1998	1999	2000	2001
韓国	91	104	93	80	66	54	46	50	45	47
アメリカ	19	12	16	14	9	5	7	6	1	1
中国	74	72	82	69	59	63	75	105	110	110
台湾	23	19	17	16	12	11	7	6	5	6
ドイツ	7	1	6	7	5	2	5	1	3	2
その他	14	16	16	14	18	18	21	25	21	17
計	228	224	230	200	169	153	161	193	185	183

　この表には出ていないが、国別数で見ると、合計19カ国——欧米11, 南米3, アジア5カ国と比較的広範囲にわたっているが、人数面で見ると上の表にあげた主要5カ国に集中している。この中で、アメリカは「AKP同志社留学生センタープログラム」、ドイツは「テュービンゲン大学同志社日本語センタープログラム」による留学生を別に受け入れているから、完全に全体像を反映してはいないが、大まかな傾向で見ると、1992年度の228名から2001年度の183名へと漸減傾向を示していることがわかる。注目すべきは、当初最大数を誇った韓国が91名から47名へ半減し、

また台湾は23名から6名へと激減している一方で、中国が74名から110名へと大幅に増加し、全体としてのバランスをかろうじて保っていることである。また全体に占める比率をざっと勘案してみても、毎年の学部入学者数が5,000名の規模であるとすると、4.6％から3.7％への変化というまさに低レベルで推移していることがわかる。

　この10年間、全国の各大学はそれぞれ改革を進めるなかで、積極的な留学生受け入れを展開しているときに、同志社留学生の漸減という現象は軽視することはできないと思うが、とりわけ、アジア留学生のうち韓国と台湾が半減している点はやはり注視する必要がある。これまで、戦前同志社におけるキリスト教国際主義の源流をたどることによって明らかになったように、台湾にはキリスト教、文化・スポーツ、医学界、教育界や、各地域における血縁地縁を通して、潜在的な同志社ネットワークがはりめぐらされている。それはまた韓国においても同じことがいえるだろう。21世紀に突入するなかで、今や同志社は125年の歴史的遺産を充分生かしながら、キリスト教国際主義の新たな展開をはかる時期に直面しているというべきではないだろうか。

引用参考文献

鍾清漢『日本植民地下における台湾教育史』多賀出版 1993 年 2 月

山本禮子『植民地台湾の高等女学校研究』多賀出版 1999 年 2 月

呉文星『日拠時期台湾社会領導階層之研究』正中書局 1992 年 3 月

吉田荘人『人物で見る台湾百年史』東方書店 1993 年 10 月

蔡錦堂『日本帝国主義下台湾の宗教政策』同成社 1994 年 4 月

陳柔縉『総統的親戚』時報出版公司 1999 年

黄英哲『台湾文化再構築の光と影――魯迅思想受容の行方』創土社 1999 年 9 月

近藤純子「戦前台湾における日本語教育」『講座日本語と日本語教育』明治書院 1991 年

上沼八郎「日本統治下における台湾留学生――同化政策と留学問題の展望」『国立教育研究所紀要』No.94, 1978 年

荘永明『台湾第一』時報文化出版企業有限公司 1995 年 3 月

矢内原忠雄『帝国主義下の台湾』岩波現代文庫 2001 年 8 月

『同志社百年史――通史篇一・二』同志社社史資料編集所編 1979 年 11 月

『同志社女子大学 125 年』同志社女子大学発行 2000 年 11 月

『同志社教会員歴史名簿』日本キリスト教団同志社教会 1995 年 12 月

高橋貞三「台南市の校友同窓」『同志社タイムス』No.94, 1958 年 8 月 28 日

加藤延雄「わたしとラグビー」『同志社ラグビー 70 年史』同志社ラグビークラブ 1983 年 3 月

柯子彰「試練に堪えた中学の思い出」『同志社ラグビー 70 年史』同上

「朝鮮・台湾留学生への特別学位授与について」『同志社大学広報』No.296, 1996 年 11 月 30 日

橘守「グリークラブＯＢ―三たび台湾演奏旅行」『同志社タイムス』No.437, 1990 年 7 月

金泰成「同志社とコリアとの交流―戦前を中心に」『同志社タイムス』

2000年2月15日

阪口直樹「戦前の同志社中学と台湾留学生」『同志社時報』No.113, 2002年3月10日

宮澤正典「同志社女学校と朝鮮」『同志社談叢』No.17, 1997年3月

中坊公平「金ではなく鉄として」『朝日新聞』2000年8月21日

阪口直樹「李登輝さんを訪問して」『中国文芸研究会会報』No.230, 2000年12月23日

伊藤潔『李登輝伝』文芸春秋 1996年2月

尹東柱『星うたう詩人―尹東柱の詩と研究』東柱詩碑建立委員会編 三五館出版 1997年

金賛汀『抵抗詩人尹東柱の死』朝日新聞社 1984年3月

「尹東柱詩碑―建立委員会趣意書」同志社校友会コリアクラブ、尹東柱を偲ぶ会、詩碑建立委員会 発行年不詳

清水安三編集『周再賜先生の生涯』賜千会発行 1976年4月10日

萩原俊彦「周再賜―差別と迫害に抗した教育者」『同志社時報』No.103, 1997年3月

『共愛学園百年史（上巻）』学校法人共愛社共愛学園 1998年3月

菅井吉郎『共愛学園七十年史』共愛学園 1959年7月

『共愛女学校一覧（昭和18年度）』共愛女学校編発行 1943年6月

菅井吉郎編『共愛女学校史』共愛女学校 1942年12月

深沢厚吉「周再賜――共愛学園園長」『ぐんまの教育』No.12, 1987年9月

『共愛学園九十年記念誌』学校法人共愛社 1978年10月

『共愛学園百年の歩み（1888～1988）』学校法人共愛社共愛学園発行 1988年10月

清水安三『石ころの生涯』キリスト新聞社 1977年7月

清水安三『桜美林物語』桜美林学園 1976年11月

『島国顕影』創意力文化事業有限公司 1993年6月

林茂生『日本統治下台湾的学校教育——其発展及有関文化之歴史分析与探討』林詠梅訳、新自然主義股分有限公司 2000 年 12 月

李筱峰『林茂生・陳炘和他們的時代』玉山社 1996 年

林宗義「林茂生与二二八——他的処境与苦悶」『二二八事件学術論文集』前衛出版社 1989 年 7 月

廖仁義「歴史裂痕下受辱的霊魂」『自立晩報』1987 年 10 月 30・31 日

廖仁義「被扭曲的土地及其子民——兼論林茂生的歴史評価」『自立晩報』1988 年 2 月 28 日

李筱峰『二二八消失的台湾菁英』自立晩報社文化出版部 1990 年 2 月

『林茂生博士紀念專輯』台南長栄高級中学編印 1991 年 7 月

『桃李争栄——私立淡江高級中学校友名冊』私立淡江高級中学校友会 1989 年 3 月

『私立長栄中学校友芳名録』私立長栄中学 1955 年 12 月

『淡江中学校史』私立淡江中学主編 1997 年 5 月

『桃李争栄　私立淡江中学 88 周年校慶特刊』1960 年 3 月 9 日

『陳清忠紀念展專輯』台北県立文化中心文献資料室 1987 年 9 月

『長栄中学百年史（西元 1885 年〜1985 年）』長栄高級中学出版 1991 年 7 月

『会員名簿』長栄中学校長中校友会 1931 年 4 月

『私立長栄中学校友芳名録（七十周年校慶）』私立長栄中学 1955 年 12 月

『校長回憶録』台南市私立長栄中学 70 周年校慶紀念刊行物 1956 年 1 月

今村武男編『植村環』新教出版社 1980 年 6 月

植村環『私の歩んだ道』植村環著作集 3、新教出版社 1985 年 4 月

『長女百年史』私立長栄女子高級中学　発行年不詳

『台湾基督長老教会百年史』台湾基督長老教会 1965 年 6 月

『台湾基督長老教会歴史年譜』台湾基督長老教会総会歴史委員会 1959 年 4 月

『北部台湾基督長老教会大会沿革』真理大学校史館資料　発行年不明

『黄武東回憶録——台湾長老教会発展史』前衛出版社 1988 年 9 月

『植村正久と其の時代』第三巻 教文館 1938 年 4 月初版、1976 年 9 月復刻再版

徐謙信「第2次大戦期の台湾基督長老教会」『共に悩み共に喜ぶ——日本基督教団と台湾基督長老教会の協約締結のために』日本基督教団台湾関係委員会 1984 年 11 月

岸本羊一「日本基督教団から見た両教会の歴史と問題点」『共に悩み共に喜ぶ——日本基督教団と台湾基督長老教会の協約締結のために』同上

陳博誠「台湾キリスト長老教会から見た両教会の歴史と問題点」『共に悩み共に喜ぶ——日本基督教団と台湾基督長老教会の協約締結のために』同上

宋泉盛編、岸本羊一監訳『台湾基督長老教会獄中証言集』教文館 1986 年 8 月

呉利明・鄭児玉・関庚培・土肥昭夫『アジア・キリスト教史 (1)』教文館 1981 年 1 月

朱瑞墉編『朱江淮伝』発行所・発行年共に不詳

「朱江淮先生事略」『中国婦女』1995 年 5 月 3 日

柯子彰「柯桑不要橄欖球サヨナラ」『中国時報』1995 年 11 月 16 日

『常緑在人間——陳渓圳牧師百年懐念集』財団法人中華民国聖経公会出版部 1994 年 11 月

鄭児玉編著『行過死蔭的幽谷——従林義雄律師的住宅到義光基督長老教会』義光教会籌建委員会 1982 年 4 月

阮美妹『幽暗角落的泣声——尋訪二二八散落的遺族』前衛出版社 1992 年 2 月

戴伯福「略歴外的 1 章」『主僕戴伯福牧師 教会葬安息礼拝』1995 年 11 月 27 日

廖丑著『西螺七嵌開拓史』前衛出版社 1998 年

『清水──尋根溯源』地景企業股分有限公司 1996 年 10 月
『台湾体育影像集 (1)』行政院体育委員会 2001 年
『永遠的 13 号──柯子彰 (台湾世紀体育名人伝)』(ビデオ) 公共電視制作 2001 年
『百年美育悠悠流芳──愛与服務的淡江中学』(日語版ビデオ) 淡江高級中学制作 1995 年
『長栄高校校史概要』(日語版ビデオ) 長栄高級中学制作　創立 115 周年

(文中敬称は略させていただきました)

　なお、本書の核となる部分は、『言語文化』(第 3 巻 2 号、第 4 巻 1 号) 掲載の「戦前の同志社と台湾留学生」が初出であることを付記する。

人名・事項索引

[あ]

アーモスト大学	5
青山学院高等学部	70
芦田慶治	15
後宮信太郎	130
阿部洋	85
アメリカン・ボード	5・25
有坂一世	69・70・90

[い]

飯塚実枝子	17
イード（George Ede）	55
井川直衛	59
医師公会連合会	129
井上伊之助	94
今川淵	69・70

[う]

上野直蔵	132
上村一仁	56
植村環	58
植村正久	58・59・93
ウェルズレー大学	59

[え]

AKP	138
英国長老教会	92
エディンバラ大学	59
海老名弾正	15・16
エロシェンコ	26

[お]

王秀生	9
王守勇	73
王拓	107
桜美林学園	26
大川正	103
大森医専	20
大脇順路	64
岡仁詩	66
オハイオ州立大学	125
オベリン大学	14・24・25

[か]

賀川豊彦	97
郭暁鐘	72
郭頂順	129
柯子彰	126
柯設偕	73・98・134
勝見精史	25
勝見千代	15
勝見まさ	21・25
加藤長太郎	57・58・61・89
加藤延雄	64
上沼八郎	11
関東学院高校	62
韓有順	9

[き]

岸本羊一	94
北森一貫	93
キャンベル (William Campbell)	55
九州帝国大学	121
邱淑雲	133
牛津学堂 (Oxford College)	64・68・92・97
共愛学園高等学校	23
共愛時報	18
共愛女学校	12・16・45
京都女子高等専門学校	7
京都大学 (京都帝国大学・第3高等学校)	51・71・122・127
京都府立医学専門学校	136
京都法政専門学校 (立命館)	7
許乃昌	54
金一龍	51
金換泰	132
金玉羅	19・22・47
金泰成	131
金末峰	8・47・132
金陵大学	124

[く]

熊本第5高等学校	71
熊本バンド	16
久留島武彦	13
クローバークラブ (クローバー会)	99・117

[け]

慶応義塾大学	11・64・133

[こ]

黄阿統	72
黄演淮	80
高俊明	107・110・111・120・134
高長	120・134
高添旺	94
高天成	79・118・119・129・133・134
興南新聞	54
興南新聞社	73
黄武東	106
黄文苑	133
高鳳京	9・47・132
黄雪子	20
呉基生	82
呉基福	81・129・133
国是声明	106・110
国民外交活動	106
国民参政会	53・125
呉鴻森	53
呉秋徴	61
呉新居	80・129
呉清鎰	107
呉相淳	132
呉濁流	52
小竹徳吉	13
コロンビア大学	51
黄演熾	136

[さ]

蔡介和	136
蔡恵如	10・52・135
蔡源順	136
蔡江寅	132・136
蔡信義	74
蔡忠雄	62
蔡卯生	132・136
蔡有義	135
佐賀高等学校（第15高等学校）	122・129

[し]

シカゴ大学	14・124
施金水	133
賜千会	23
滋野真澄（陳金然）	93・96
芝宛	94
島村牧師	20
清水安三	24
謝禧得	74
謝香	65
謝叔陽	60
周宜輝	13
周再賜	12
周作人	26
周平徳	107
淑徳高等女学校	120
淑明高等女学校	41・47
朱江淮	88・121・133
純徳女子中学	67・72
純徳幼稚園	74
蕭安居	98・135
蒋介石	55・123・125
蕭仁慈	60・81
鍾清漢	10
蕭朝金	105
蕭美懐	98・135
蕭美珠	98
蕭美徳	98・135
蕭美妙	135
上与二郎	56・93・103
ジョンソン（Frederick Johnson）	50・55
施留津	133
人権宣言	106・110
新世紀宣教運動	106
進明女子高等普通学校	9
真理大学	73・74

[す]

崇義高等女学校	39
崇義女学校	41
崇貞学園	25
スタート（Miss Joan Sturt）	58

[せ]

正義高等女学校	39
聖経公会	104
膳所中学	25
浙江大学	125
『前鋒』	125

[そ]

荘経顕	110・112・113
蘇進安	62

[た]

大学予科	31
大甲渓	92
台南高等工業学校	57・88
台南師範学校	51
台南商業専門学校	51
台南神学院	50・61・92・95・108・111・112・114
台南第3高等女学校	39
戴伯福	114
台北医専	99
台北第3高等女学校	39
台北帝国大学	73
戴明福	61
台湾教育令	84
台湾教会公報	107
台湾共和国臨時政府	125
台湾基督長老教会	91
台湾芸術研究会	10
台湾神学院(台北神学院)	71・74・98・110・111・112
台湾総督府	51・52・56・68・78・114・130
台湾大学	53・55・97・120
台湾日日新報	69
台湾文化協会	52・120
台湾民主独立党	125
台湾臨時国民議会	125
高雄事件	107
高砂青年会	52
高橋貞三	60
立川義男	69
田畑忍	132
打歪	94
淡江高級中学	89
淡江文理学院	130
淡水工商管理学院(専科学校)	73・74・97・98・114・134
淡水女学院(淡水女学堂)	63・68・95
淡水中学	63・68

[ち]

近森一貫	103
中央政治学校	124
中国青年党	123
中山女子中学	72
テュービンゲン大学	138
長栄高級中学	89
長栄女子高級中学	58・60
張七郎	105
張清庚	111・112・113
趙天慈	60・61
張俊弘	107
張萬玉	132
長老教女子中学	58
長老教中学	48
陳逸松	53
陳栄輝	63
陳旺成	54
陳儀	55
陳菊	107
陳溪圳	93・96・97・106・112・113・134
陳泗治	74
陳誠志	117・122
陳清忠	63・68・72・88・100・

	126
陳清文	127
陳炘	52
陳尊道	66
陳独秀	26
陳能通	71・88・98・105・134
陳来治	60

[つ]

塚原要	93
継山謙三（許有才）	93・96

[て]

鄭児玉	108・112・113
鄭芝溶	132
貞信学校	9
貞信女学校	41
鄭成功	92
Davis（柳原）邸	38
貞明女学校	41
デューイ	51

[と]

東海大学	130
東京高等師範学校	58
東京左連	10
東京神学校（東京神学大学）	59・71・97
東京大学（東京帝国大学・第1高等学校）	15・51・52・57・120
東京台湾青年会	52
東呉大学	99
同志社教会員歴史名簿	42

同志社高等商業学校	32・46・123
同志社高等女学部	40
同志社香里高校	75
同志社女学校	38
同志社女子専門学校	38
同志社大学グリークラブ (Glee Club)	66・99・100
同志社大学校友会台湾支部	117
同志社大学ラグビー部	64・65
同志社中学	33
同志社分校女紅場	38
杜聡明	49・53・120

[な]

中坊公平	35
中森幾之進	93
南部教会	91・92

[に]

新島襄	5・15・16・42
二・二八事件	53・70・105・120・125・131
『日本及日本人』	26
日本基督教区台湾教団	93・95・96
ニューカレッジ神学校	59

[は]

バークレー（Thomas Barclay）	49・55・92
番匠鉄雄	58

バンド (Edward Band)
　　　　　　51・56・62

[ひ]

人見次郎　　　　　　　130
『美麗島』事件
　　107・108・111・120・134
広島高等師範学校　　　69

[ふ]

ファーガソン (Durcan Ferganson)　　　　　　　55
フェリス学院　　　　　112
淵沢能恵　　　　　　　47
不破唯次郎　　　　　　16

[へ]

平安高等女学校　　　　7
『北京周報』　　　　　26

[ほ]

彭清靠　　　　　　97・134
彭明敏　　　　　　97・134
朴忠勲　　　　　　　　132
北部教会　63・91・92・93・
　　102・107・113
北陸学院　　　　　59・60
ホレス・ペトキン　　　25

[ま]

前橋英和女学校　　　　16
前橋国際大学　　　　　23
マカイ (George Leslie Mackay) 63・68・92・97・133

馬偕紀念病院　　　92・98
牧野牧師　　　　　　　25
マクスウェル (James Maxwell)　　55・92・120
マクミラン (明有徳)　　69
松山義則　　　　　　　132

[み]

ミシガン大学　　　　　125
ミス・キンネイ (Miss Jane Kinney)　　　　　68
水野直樹　　　　　　　7
宮澤正典　　　7・8・22・46
宮前女子中学　　　　　71
民主社会党　　　　　　123
民報　　　　　　　　　54

[む]

霧社事件　　　　　　　94

[め]

明治学院　　　14・31・112
メリス夫人 (Magaret Mellis)
　　　　　　　66・100

[も]

森川正雄　　　　　　　16

[や]

柳田秀男　　　　　　　16
山崎米太郎　　　　　　93

[ゆ]

游彌堅　　　　　　　　72

尹東柱	3・8・132	林愛生	133
		林燕臣	49・50
[よ]		林関関	120
姚嘉文	107	林金殿	80・120・133
養心神詩	67	林献堂	10・52・120・134・135
姚聡栄	74	林宗義	6・54
楊肇嘉	53・136	林澄沐	130
[り]		林茂宏	115
梨花学堂	9	林茂生	6・48・56・70・71・72・105・132
李漢彬	132	林義雄	107・109
李瓊梅	122・133	林樑材	130
李克承	129・134	林烈堂	134
李筱峰	52	**[ろ]**	
李淑礼	22	廬園	72
李仁春	47	魯迅	26
李大釗	26	**[わ]**	
李登輝	87	YWCA	59
李明家	128・132	和源商行	133
劉子祥	93・96	早稲田大学	11・117・126・136
劉主安	60・61	『我等』	26
劉青雲	133	我々の呼びかけ	106
劉青眼	60		
廖文毅	124・132・134		
廖文奎	124・132		
呂秀蓮	107		

あとがき

　2年半前のことになるが、フトしたことがきっかけで、同志社に保管されている学籍簿を閲覧して、アジア留学生の調査を始めることになった。その後、予想をはるかにこえた留学生数の出現に驚きながら、どんどん泥沼状況にはまり込んでしまったが、しかしその作業のなかで、鄭児玉牧師や多くのクリスチャンに出会い、大和榛原教会に導かれて、幼い頃の日曜学校や家庭礼拝を追体験するなど、自己確認のための旅ができたことは幸せであった。

　本書は、同志社における学籍簿を全面的に調査することによって、戦前のアジア留学生の実態を復元し、また整理したデータにもとづいた追跡調査を通して、台湾社会における同志社留学生たちの全貌をうきぼりにしようとしたものである。その検証の過程で、留学生たちの文化的・政治的・社会的活動のうちに、同志社のいわゆるリベラルな校風が、あちこちに彩られていたことをかいまみることができ、こうした国のレベルを越えた交流のなかに、私が"キリスト教国際主義"となづけた、同志社の独自性が強く反映していることを確認することができた。これまでアメリカに求められてきたキリスト教国際主義の源流は、歴史の再発掘によって、台湾や朝鮮（韓国）などアジアにも求められるべき根拠が示されたと思う。

　先日、文学部森川眞規雄ゼミ11名によって作成された、社会調査実習報告書『同志社と台湾留学生』（2002年3月）が私の手元に届いた。それを見ながら、"現代""学際""国際"をキーワードとする、幅広い視野と厖大な調査が求められる研究は、本来は

個人では無理であって、やはり集団的なものにはかなわないと、彼らの真摯な共同研究の成果を目にしながら考えるとともに、本書がきっかけとなって、今後この分野の研究がいっそう広げられ、発展することを心から願っている。

　ところで本書作成の過程では、同志社の各方面の方々や、台湾の関係者の人達から特別の配慮と協力をいただいたが、ここでいちいち名をあげて記す余裕がないことをお詫びしたい。ただ蔡有義さんが、以前から収集されていた個人的な資料『同志社──学長流芳録』をおしげもなく提供されたことに対しては、一言お礼の言葉を述べておきたい。もしその支えがなければ、本書に多くの空白が残ってしまったであろうからである。

　最後に、白帝社と編集者岸本詩子さんには、無理なことをあれこれお願いすることになったが、それらすべてに対して、誠意をこめて最大限受け入れて下さった。ここで改めて感謝したい。

　　　　　　　　　　　　　　　　　　　2002 年 3 月 31 日
　　　　　　　　　　　　　　　　　　　　著者記す

著者略歴

阪口直樹（さかぐち　なおき）
　1943年大阪府生まれ。大阪市立大学文学部博士課程修了、文学博士。大阪教育大学助教授を経て現在同志社大学言語文化教育研究センター教授。著書『十五年戦争期の中国文学―国民党系文化潮流の視角から―』（研文出版1996年10月、同中訳本台湾稲郷出版社2001年2月）他。

戦前同志社の台湾留学生　――キリスト教国際主義の源流をたどる

2002年5月24日　初版発行
2002年7月30日　2刷発行

著　者　阪口直樹
発行者　佐藤康夫
発行所　白　帝　社
　　　　〒171-0014　東京都豊島区池袋2-65-1
　　　　電話　03-3986-3271
　　　　FAX　03-3986-3272(営)/03-3986-8892(編)
　　　　http://www.hakuteisha.co.jp/

組版　柳葉コーポレーション　　印刷　平河工業社　　製本　若林製本所
Printed in Japan〈検印省略〉　　　　　　　　ISBN4-89174-563-0
　　　　　　　　　　　　　　　　＊定価はカバーに表示してあります